第二言語教育のための

ことば学

西口光一
NISHIGUCHI Koichi

人文・社会科学から読み解く
対話論的な言語観

福村出版

目　次

はじめに

　グローバル化がますます進行し、異なる言語文化圏の間での人々の移動が一層活発になり、各個人においては複文化・複言語化が進んでいます。このような状況で、言語教育への期待はますます高まっています。日本に目を向けると、これまでの留学生に対する日本語教育に加えて、生活者としての外国人のための日本語教育や外国にルーツをもつ児童・生徒に対する日本語教育などへの対応が喫緊の課題となっており、各現場でさまざまな取り組みが行われ、2019年に施行された日本語教育推進法（正式名は、日本語教育の推進に関する法律）に基づく各種の施策も進行しています。また、学校教育では、グローバルに活躍できる人材の育成という合言葉の下に、他者とインターアクションができる英語力の養成やグローバルなビジネスシーンでコミュニケーションできる英語力の育成などをめざして実用的な英語教育が企画され、そうした教育の実践がすでに活発に行われています。

　筆者自身は過去40年余りにわたり日本語教育に従事し、現在もコース開発をしたり実際の教授実践に携わったりしています。また、日本語教育学の一研究者としても仕事をしてきました。日本語教育学研究者としての筆者の関心は一貫して、第二言語学習者にとって言語とは何か、コミュニケーションとは何か、学習者が言語活動に従事するとはどのようなことか、どのような言語活動従事が言語の上達を促進するかなどのテーマに向けられ、筆者の研究の中心はそうしたテーマに関連する諸研究を渉猟しクリティカルに検討することでした。そうした研究は、第二言語教育のためのことば学という名の下に包括できるかと思います。本書は、筆者がこれまで取り組んできたことば学の集成です。

　想定する読者は、第一には日本語教育や英語教育などの第二言語教育に携わっている先生方やそうした専門職を志望している大学生や大学院生、そして大学や大学院等で教員養成の仕事をしている日本語教育学や英語教育学など

の先生方です。他に、言語やコミュニケーションに関心をもっていて、少し教養的に、心理学や社会学や哲学などの人文系の分野でこれまで言語やコミュニケーションなどがどのように議論され理解されてきたかを知りたい一般の読者も想定しています。

　ことばについての探究は人文学の営みの中の一つのテーマとしてひじょうに興味深いものです。しかしながら、本書のような関心でそれが取りまとまられたことはありませんでした。本書が第二言語教育学のためのことば学が普及し発展するきっかけとなればたいへんうれしく思います。

プロローグ

□ 本書の目的

　本書の目的は2つです。一つは、言語中心の即物主義に囚われている日本語教育や英語教育をその囚われから解放する道を切り拓くことです。もう一つは、第二言語教育学の一分野としてことば学を開拓することです。

　言語中心の即物主義（後述）は第二言語教育の実践に深刻な影響を与えています。冷厳な目をもつ教育実践者は自分たちが言語中心の即物主義に陥っていることに気づいています。そして、そこから抜け出したいと思っているのですが、どうにも抜け出す道を見出すことができずに、不本意な教育実践を続けています。一方で、第二言語教育研究者の一部もそのことに気づいていると思います。そして、言語中心の即物主義から抜け出すための第二言語教育のための新たな言語観やコミュニケーション観や言語習得観を確立することが必要だと薄々感じています。しかしそれは、自身のこれまで築き上げてきた専門分野の関心ではないので、あえてそうした新たな研究分野を開拓しようとはしません。そのような状況で、第二言語教育は言語中心の即物主義を乗り越えられず、ことば学もまとまった形では提案されずに現在に至っています。

　言語中心の即物主義からの解放の道は、第二言語教育学の中核的な研究分野としてことば学を確立して、それを第二言語教育の研究者、教育企画者、教材制作者、教授実践者の間で共有し発展させていくことです。本書は、そうした方向への第一歩です。

□ 本書に至る経緯

第二言語教育の研究と実践

　教育関係の研究というのは、以下で論じるように具体的な人を仲介として実

際の教育実践と一定程度つながっています。しかしそうは言っても、教育に関連する各研究分野は、実際の教育実践とは独立した一つの固有の営みです。そして、研究者の仕事というのは、当該の研究分野でこれまで積み重ねられてきた知の継承と発展（知の大きな革新も含めて）です。当該の分野の知を継承していなければその分野の研究とはなりませんし、わずかながらでも当該領域の発展に資するものでなければ研究とは言えません。大げさに言うと、研究というのは人類の知の継承と維持・発展の営みとなります。そして、それはそれとして大切な営みです。

　研究というもののそのような性質を考えると、日本語教育学や英語教育学がそれを構成するさまざまな研究分野の寄せ集めになってしまいがちなのはいわば避けがたいことです。それらを仮に一つの学、つまり日本語教育学や英語教育学として束ねているのは、それぞれの分野の研究に従事しながらも日本語教育や英語教育などの第二言語教育の実践に各研究者が多かれ少なかれもっている関心だけなのかもしれません。そして、研究者が教育の実践に強い関心をもつ場合は、その研究者の研究は教育実践との関連を重視したものになり、実践への関心が薄い場合は、教育実践からヒントを得て研究をさらに進展させるという程度になります。また、研究者が実際の教育実践にも従事している場合には、自身の研究活動を通して気づいたことやわかったことなどがその人の教育実践を変えることはしばしばあるでしょう。さらに、そうした各分野の研究者の研究報告を聞いたり論文や本を読んだりして、他の教師が新たな視点や指導上のアイデアを得ることもあるでしょう。このように研究が教育実践に視点やアイデアを提供することは大いにあり、さまざまな種類の「専門的な養分」を実践に提供しているとは言えます。ただし、その「専門的な養分」は、日本語教育学や英語教育学の傘下の分野が多数に及ぶので、避けがたく雑多になります。

研究は「正しい方法」を教えてくれるものではない

　日本語教育や英語教育ではしばしば「研究と実践の乖離」が嘆かわしいこととして論じられ、「実践に役立つ研究の必要性」が叫ばれます。「実践に役立つ研究を！」という意見の背景には「研究（成果）の実践への応用」（theory into practice）という見方があります。「研究の実践への応用」というのは、研究が進んで十分な知見が積み重ねられれば、最適な教育計画ができ、教材も合理的に制作することができて、そうして用意された教育計画と教材に沿って、与えられた学習内容をその内容について熟知している教師が研究から教えられた原理と方法に則って教えれば、優れた教育を提供することができるという見方です。しかし、日本語学や英語学や第二言語習得のメカニズムの研究や一般的な学習研究が大いに進展したとしても、研究の知見を直截に実践に応用することで優れた教育実践を構成し創造することができるとはどうも思えません。と言うのも、研究というところからはありとあらゆる知見が絶えることなく出てきて、それらはしばしば競合し対立していて、さまざまなテーマについて「すっきりとした答え」はなかなか与えてくれません。また、先に言ったように研究が提供してくれる知識は雑多で、さまざまな研究分野の知見を統合する包括的な理論の構築はいまだ誰も試みたことさえありません。そして、前項の冒頭で言ったように、そもそも研究というのはそれぞれの分野として独立した固有の営みであり、それとして固有に発展しようとするもので、教育を改善することをもくろんで行われているわけではありません。

　このように第二言語教育学傘下の諸研究は、教育の企画や教材の制作や具体的な教授実践など、教育活動のさまざまな側面で実践者に視点やアイデアなどの「専門的な養分」は与えてくれますが、決して包括的で一貫性がある「正しい方法」を教えてくれるものではありません。結局、各種の分野の知識や視点を専門的な素養として教育実践者が身につけて、洞察深くアイデア豊かに教育活動に臨むというのが、関連分野の研究と教育活動の実践の本来の関係なのでしょう。そうした中で、これまでの第二言語教育学になかった本書で論じることば学は第二言語教育学の中核に据えられるべき重要な研究分野だと思います。

ことば学の位置

　ことば学というのは、第二言語の習得と教育を探究しようとする場合に必ず追究しておかなければならない分野です。それは、日本語や英語などの個別言語の文法や音声や言語行使のルールなどの研究に先立って追究しなければなら

ない、言語そのものの本来の性質などを考究する分野です。にもかかわらず、これまで第二言語教育学の中にことば学はありませんでした。そして、それがなかったために、第二言語教育を有効に計画し実践するための研究は一足飛びに個別の言語の構造や使用の特徴となってしまっていました。ことば学がなかったために、第二言語教育学では個別の言語の研究が第二言語教育のための基幹的な研究分野のように見なされて、個別の言語が精力的に研究されてきたのです。また、実際の教授実践に従事する教師の関心も個別言語に向けられ、結局のところ個々の言語事項をいかに巧みに教えるかというところに関心が集中してしまいました。

こうした状況が言語中心の即物主義と呼ぶべき現行の第二言語教育が抱える根深い問題です。言語中心の即物主義と言う場合の言語は、日本語や英語などの個別言語のことです。そして、即物主義というのは個別言語をそれ自体で独立して存在する一つの実体として捉え、そして個々の言語事項を同じく一つの独立的なモノとして捉えてそれを授業で順次に教えることこそが言語の教育であるとする見方です。本書ではそのような見方を言語中心の即物主義と言っています。

言語中心の即物主義は、基礎段階や基礎から中級の段階にかけて顕著に見られる傾向です。その一方で、学習者の言語能力が一定程度の実用的な水準に達した中級後半や上級段階になると、それ以前の段階での言語中心の即物主義の反動かとも思われるように、言語の着実な習得への配慮が希薄になって、言語発達についての十分な見通しや計画のない技能中心の教育や活動中心の教育実践になってしまいます。そして、それはそれでまた問題です。しかし、当面の目に見える大きな課題は、基礎段階と基礎から中級に至る段階における言語中心の即物主義です。

第二言語教育というのは、学習者が新しい言語を習得することを総合的にそして組織的に支援する営みです。その営みは、決して言語事項の知識の積み上げに集約できるものではありません。ですから、個別の言語を研究し、その研究結果を応用して言語事項を順次に教えようとする前に、言語とはそもそもどのようなものか、言語とわたしたちの意識や存在とわたしたちの現実はどのように関わっているのか、言語を媒介にしてわたしたちはいかにコミュニケー

ションを成り立たせているのか、また、すでに口頭と書記の両様で高度に言語を習得している者にとって新しい言語とはどのようなもので、そうした人が新しい言語を習得しようとする場合に必要で有益な経験とその蓄積はどのようなものか、そして、そのような経験はどのように企画することができ、学習者がそのような経験ができるように教師はどのように支援することができるか、などを根本的な検討事項として考究しなければなりません。そのような探求と考究が第二言語教育のためのことば学です。そして、そんな研究分野がこれまでの第二言語教育学には欠けていたのです。

　そのようなことば学を一つの研究分野として定義するなら、第二言語教育の関心から主として人文学のさまざまな分野で言語がどのように捕捉され位置づけられているかを探求し、比較考究して、第二言語の習得という現象に関する理解や洞察を深め、第二言語教育の企画や教材制作や教育プログラミングや教授実践などの改善をめざす、領域横断的な研究分野となります。

第二言語習得研究とことば学

　20世紀の終わり頃の英語教育学では応用言語学と呼ばれる理論的研究が盛んに行われました。コーダー、ブラムフィット、ストレヴンズ、ウィドウソンなどのイギリスを中心に活躍する応用言語学者たちは、言語行為論をはじめとして社会言語学や言語心理学などの分野を参照し、そうした分野の知見を第二言語教育に応用しようとしました。同時代の日本の英語教育者や日本語教育者もかれらの研究に注目していました。しかし、かれらが緒を開いた理論的研究は、同じ頃から急速に発展した実証的な部門をも有する第二言語習得研究に押されて、第二言語教育学における重要な地位から追いやられてしまいました。今は、第二言語教育のための理論的研究に関心を寄せる人はほとんどいなくなり、教員養成課程などでも教えられていません。

　第二言語教育学において実際のデータに基づく接触場面の相互行為の研究や教室の相互行為の研究などは重要だと思いますし、第3章で言及するように筆者もそのような研究を一部してきました。そうした研究により、第二言語の行使と学習に関わる現象を意味の交渉やリキャストなどとして客観的に捉えることはできます。しかし、そのように現象を表面的に捉えて記述するだけでは第

二言語習得という現象を十分に解明することはできません。つまり、そのような研究だけでは、第二言語の教育の企画や具体的な実践などに重要な示唆を与える重要部分が欠如してしまいます。そのような経緯で取り組み始めたのが第二言語教育のためのことば学です。

　第二言語教育ためのことば学は、教育活動のさまざまな側面をクリティカルに検討するための理論的参照枠を、そしてそこで起こるさまざまな現象を理解し解釈し結果を予測する理論的解釈枠を提供できると予想されました。一方で、そうしたことば学を開拓し、研究者、教育企画者、教材制作者、そして授業実践者の間で広く共有していかない限り、第二言語教育における言語中心の即物主義は今後も続くだろうと思われました。

□ 本書の概要

バフチンの対話原理と本書の関係

　以上のような問題意識をもつ筆者のこれまでの研究の中で中心的な位置を占めるのは、ロシアの文芸評論家で言語哲学者のミハイル・バフチン（1895-1975）の言語哲学とその中核をなす対話原理です。そして、その成果はすでに公表しています（西口, 2013; 2015）。しかし、それ以前にもそれ以降にも、同様の問題意識で、人類学、心理学、社会学、哲学などさまざまな研究分野を背景として言語をめぐる論考を書いてきました。本書は基本としてそうした論考のアンソロジーとして構成しています。

　バフチンの対話原理は、本書で言うことば学の重要な一翼を担っています。ですから、本書の中でも対話原理の諸視点はいろいろなところで言及されていますし、前二著もしばしば参照されています。本書と前二著は、バフチンの言語への基本的な視線を基底として共有することば学をなしています。バフチンの言語への基本的な視線というのは、第1章で論じる予定ですが、言語活動に従事する当事者の視点に立った言語の見方です。

章の構成と主要な理論的立場

　本書では、第1章で、言語中心の即物主義に囚われている第二言語教育の根

底にソシュール以降の言語への抽象的客観主義があることを指摘し、それに代わる言語観としてバフチンの言語観を提示します。そして、バフチンの言語観は当事者視点の言語観であることを示し、それは言語についての社会学的な見方や社会実践的な見方や文化歴史的な見方などへの広がりをもつものであり、第2章以降はそのような延長上の議論であることを指摘します。

　第2章以降は、各章それぞれの理論的な立場からさらに言語について考究を深めることとなります。第2章以降の各章で考究のための視点となる主要な理論的立場は以下の通りです。

第2章　ヴィゴツキー（Vygotsky）の精神発達の理論

第3章　ロメットヴェイト（Rommetveit）の人間のコミュニケーションへの多元的な社会的−認知的アプローチ

第4章　リード（Reed）の生態心理学

第5章　ルリア（Luria）の言語と意識の研究とブルーナー（Bruner）のフォークサイコロジー

第6章　バーガー（Berger）とルックマン（Luckmann）の知識社会学

第7章　ウィトゲンシュタイン（Wittgenstein）の言語ゲーム論とゴフマン（Goffman）の相互行為秩序論とジャコビーとオックス（Jacoby and Ochs）の相互行為の共構築論

第8章　ハイデガー（Heidegger）の実存主義の哲学

　第2章以降の順番は基本的に元の論考の出版年順としています。各章の原著は以下の通りです。

・　「ヴィゴツキーの精神への社会文化的アプローチ」『大阪大学留学生センター研究論集　多文化社会と留学生交流』第6号（2002）、pp. 17-34（第2章）

・　「異言語話者の接触場面における言語的活動は言語的相互行為か」『大阪大学留学生センター研究論集　多文化社会と留学生交流』第7号（2003）、pp. 49-62（第3章）

- 「語ることをわたしたちの生態環境に位置づける —— 異言語話者接触研究のための発話の生態心理学序説」『大阪大学留学生センター研究論集 多文化社会と留学生交流』第8号（2004）、pp. 75-84（第4章）
- 「言語教育におけるナラティブ主義とヴィゴツキーとバフチン」『ヴィゴツキー学』別巻第5号（2018）、pp. 97-104（第5章）
- 「人間学とことば学として知識社会学を読み解く —— 第二言語教育学のためのことば学の基礎として」『大阪大学国際教育交流センター研究論集 多文化社会と留学生交流』第22号（2018）、pp. 1-11（第6章）
- 「そのモノ、多面的につき、取り扱い注意！」『日本語教育の新しい地図 —— 専門知識を書き換える』青木直子編（出版予定）、ひつじ書房（第7章）
- 「世界内存在とことば —— 第二言語教育における実存論的転回に向けて」『大阪大学国際教育交流センター研究論集 多文化社会と留学生交流』第24号（2020）、pp. 9-18（第8章）

　第2章以降の各章の論考では、本書として全体的な一貫性を確保するための表記法や文献表示法などの統一と注釈の補充以外は、変更を最小限にとどめました。そして、本書としての流れを明示しその章の方向性を提示するために、各章の冒頭にイントロダクションを書き添えました。また、各章末では、基本文献、概説、「さらに深めるために」からなる文献案内を設けて、その章のテーマについてさらに研究が進められるようにしています。

凡　例

1. 本書の「はじめに」とプロローグ及びエピローグ、そして各章のイント
   ロダクションと文献案内は「です‐ます体」とした。いずれも「案内」
   という趣旨である。
2. 本書の中では、研究者や教育者としての一人称複数は「われわれ」と
   し、人や言語ユーザーとしての一人称複数は「わたしたち」とした。ま
   た、ジェンダーへの配慮として三人称の代名詞は男女にかかわらずひら
   がなで「かれ（ら）」とした。
3. 外国語文献からの用語については、適宜に原語を（　）で示している。
4. 文献の年が2つ示されている場合は、前者が原著出版年あるいは執筆年
   で、後者が邦訳出版年となる。
5. 日本語文の引用では原著での強調の仕方にかかわらず、本書の引用中で
   の強調は傍点とした。また、引用中での筆者による強調は太字とした。
   本文での筆者強調も太字としている。英文の引用においては、原著での
   強調は斜体で、筆者による強調は太字とした。
6. 引用中の「…」「...」は前・中・後略を示す。原典からの翻訳の引用中
   の〔　〕は、訳者による注記である。

第1章

ラングの言語観から当事者視点の言語観へ

イントロダクション

　日本語教育や英語教育などの第二言語教育は、言語中心の即物主義に囚われているというのが本書の端緒の問題意識です。本章では、そうした課題の根底を明らかにし、さらにこれまでのラングの言語観に代わる新たな言語観としてバフチンが提唱した当事者視点の言語観を提示します。この第1章は、いわば本書全体の方向性を示すものなので、以下に概要を記しておきます。

　はじめに、本書での第二言語教育の問題意識の根底にある言語についての抽象的客観主義あるいはラングの言語観について、ソシュールの『一般言語学講義』の該当部分に遡って論じます。そこにおいてわれわれは、ランガージュ（langage）からラング（langue）が摘出され、実際の具体的な言語行使であるパロール（parole）が言語研究から放逐される経緯を見ます。そして、その後のコミュニカティブ・コンピテンスに至る第二言語の能力の定式化も言語の運用に潜在する「何か」を特定する試みだとして、ラングの言語観の延長に位置づけられます。

　次に、抽象的客観主義を拒否するバフチンの言語観に目を向けます。そして、ソシュールの言語への視線が徹底した観察者視点であるのに対し、バフチンの視線はそれとは対照的に当事者視点であることを明らかにします。

　さらに、バフチンにとっては、言語活動の現実は言語による社会的相互作用という社会的な出来事であり、言語の現実はそうした言語活動とい

う社会的な出来事に関与している発話やディスコース以外にはないことを指摘します。そして、そのように考えるバフチンは、言語を研究するにあたっての新たな視点としてことばのジャンルを提示しています。ことばのジャンルとは、歴史的な意識が染み込んだプロトタイプ的な言語行使というリソースであり、わたしたちはことばのジャンルを援用して、言語活動に従事し、発話やディスコースを生成したり受容したりしているのです。

こうしたことばのジャンルへの注目は、ことば、言葉遣い、語や語の系列、言語事項とその構成体というふうに言語がさまざまな様態で言語活動の当事者や観察者に姿を見せることをわれわれに教えてくれます。そして、そのようにことばの多様態性に留意することで、われわれは、言葉遣いを中軸に据えて、体系としての言語のあり方にも必要な配慮をしつつ、学習者を実際の言語活動に従事させながら、言語の上達を支援し促進するという新たな言語習得支援の構想の可能性を見出すことができます。

バフチンの言語哲学に始まるこうした当事者視点での言語の見方は、本書で論じるさまざまなことば学に通底する共通の視線となります。

1. 抽象的客観主義と第二言語教育における言語中心の即物主義

1-1 ラングの抽出

ソシュール（1857-1913）は、1907年から1911年の間にジュネーブ大学で大学院生向けに3回の一般言語学の講義を行った。この講義こそが現代言語学の夜明けを告げる記念碑的な講義となるのである。ソシュールの講義はそれを受講した大学院生たちのノートを基に再構成され、後に『一般言語学講義』（ソシュール, 1972、以降『講義』と略記する）として出版された。同書は現代言語学の礎となり、さらには、人文・社会科学一般で構造主義のパラダイムを生み出す契機となった[1]。

---

1 同書の初版の刊行は1916年で、1922年に第2版が出ている。邦訳はこの第2版の訳である。ちなみに、同書で示されている言語観をそのままソシュールの言語観とするのは適当ではないとするのが、ソシュール研究者の一般的な見方である。例えば、丸山（1981; 1983）や影浦・田中（2007）や互（2009）など。しかしながら、同書が広く普及し、その後の言語研究が進むべき道を整備したことは疑いない。

第二言語教育における言語中心の即物主義という問題意識をもつ本書の関心からは、同書の序論第3章の「言語学の対象」でのソシュールの議論が注目される。邦訳では、p. 23からp. 31までの9ページである。

ソシュールは「言語学の十全で同時に具体的な対象は何か」という問題提起からこの第3章を説き起こす。そして、言語現象には、聴覚の側面と調音の側面があり、次にそうした両側面を当面音声の側面として一つに扱ったら今度は音声の側面と思考や観念の道具の側面が浮上してくるというように言語学の研究対象を措定することの困難を列挙していく。こうした予備的な考察をソシュールは次のように結んでいる。

> このように、どの方面から問題に切りこんでも、どこにも言語学の十全な対象は見当たらない。随所でジレンマにぶつかる。もしそれぞれの問題の一面にのみ固執するならば、上述の二面性を見失うおそれがあるし、さればとて、もし言語活動を一時に数面から研究するならば、言語学の対象は、たがいに脈絡のない混質物の寄せ集めとなる。　　（『講義』pp. 20-21）

このように言語学の対象措定の困難を一通り論じた上で、ソシュールは啓示を得たように跳躍するのである。

> われわれの見るところ、すべてこのような難問にたいする解決策は、一つしかない。なにをさしおいてもまず言語（langue──筆者注）の土地の上に腰をすえ、これをもって言語活動の他のいっさいの現われの規範とすべきである。じじつ、かくもおおくの二面性のうちにあって、言語のみは自律的定義をうけられそうであり、精神にたいして満足な支柱を供するのである。　　（『講義』p. 21）

そして、ソシュールは言語（langue）の概要を一気に説明する。以降では、議論をわかりやすくするために、原著で"langage"の部分は**ランガージュ**と、"langue"の部分は**ラング**とする。そして、ソシュール言語観を構成するもう一つのキーワードである"parole"（言）の部分は**パロール**とする。

われわれにしたがえば、それ（ラング―筆者注）はランガージュとは別物である。それはこれの一定部分にすぎない、ただし本質的ではあるが。それは言語能力の社会的所産であり、同時にこの能力の行使を個人に許すべく社会全体の採用した必要な制約の総体である。ランガージュは、ぜんたいとして見れば、多様であり混質的である。いくつもの領域にまたがり、同時に物理的、生理的、かつ心的であり、なおまた個人的領域にも社会的領域にもぞくする。それは人間的事象のどの部類にも収めることができない、その単位を引きだすすべを知らぬからである。これに反して、ラングはそれじしん全一体であり、分類原理である。言語活動事実のなかでそれに首位を与えさえすれば、ほかに分類のしようもない総体のうちに、本然の秩序を引き入れることになるのである。　　　　　（『講義』p. 21）

1-2　ラングとパロール

　続いてソシュールは、パロールの循環として図1のような図式を提示する。この図式では、左の丸の話者において概念（c）が聴覚映像（i）に変換されて外に発声される。その音声は右の丸に届いて聴取され、その聴取された聴覚映像（i）が概念（c）に再度変換されることが描かれている。

　概念と聴覚映像とその間に引かれた矢印の部分をソシュールは心的部分と呼んでいる。そして、ソシュールの議論を要約すると、この概念（c）と聴覚映像（i）の間の行き来を可能にしているのがラングだということになる。

　こうしたソシュールの見方は、後に提示されたシャノンとウィーバー（Shannon and Weaver, 1949）の工学的コミュニケーション・モデルと重なる見方である（図2）。すなわち、シャノンとウィーバーのモデルでは、メッセージ（ソシュールの概念に対応する）が送信器に投入されるとそれがそこで符号化（ソシュールでは聴覚映像への変換）されて信号として発信される。その信号はチャネルを通ってもう一方に達し、それが受信器で元のメッセージに符号解読されて目的地点に達することになる。

　そして、発信者（ソシュールでは話者）は送信器を備え、受信者（ソシュールでは聞き手）は受信器を備えていることとなり、送信器と受信器は作動の方向は逆でありながらそのメカニズムは相似的だということになる。つまりソ

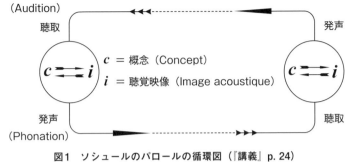

図1 ソシュールのパロールの循環図（『講義』p. 24）

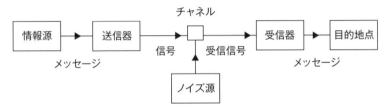

図2 シャノンとウィーバー（Shannon and Weaver, 1949）のコミュニケーション・モデル

シュールのパロールの循環図に当てはめると、送信器と受信器の作動はラング
の作動となる。そして、ソシュールの言語観においては、こうしたラングが言
語能力の社会的所産であり、言語活動従事において枢要な働きをするものとな
るのである。

1-3　抽象的客観主義

　このようにラングの輪郭を描いた上で、ランガージュやパロールと対比した
ラングの特質の要約としてソシュールは次の4点を挙げている（『講義』pp. 27-
28）。以下は、ソシュールの要約を筆者がさらに整理したものである。

　1．ラングは、**はっきり定義された対象**である。その所在は、**聴覚映像が概
　　念と連合する場所**に求めることができる。ラングは、**ランガージュの社
　　会的部分**であり、個人の外にある部分である。それは、共同体の成員の

間に取り交わされた一種の契約の力によって初めて存在する。個人は、それを作り出すことも変更することもできない。また、その働きを知るためには、個人は学習しなければならない。

2. ラングは、具体的個別的な言葉の行使である**パロールと切り離して研究することができる**。

3. ラングは、**記号の体系**である。記号の本質的な姿は、**意味と聴覚映像の融合**である。

4. ラングあるいはその要素である言語記号は、抽象的なものではなく、**聴覚映像**（音韻の複合）**という具体的な性質を有する対象**である。書き言葉はそれを手に触れることができる形にしたものである。このようにラングを具象化できるからこそ、**ラングの忠実な代表として辞書と文法（書）**が存在することができるのである。

一方でソシュールは、個々の個人的な言語の行使つまりパロールとの対比によって、ラングの特質をさらに浮かび上がらせている。

> ラングをパロールから切りはなすことによって、同時に（1）社会的なものを、個人的なものから、（2）本質的なものを、副次的であり、多かれ少なかれ偶然的なものから、切りはなす。ラングは話し手の機能ではない。個人が受動的に登録する所産である。…これに反して、パロールは意志と知能の個人的行為であって、これにはつぎのものを識別してしかるべきである。（1）話手がその個人的思想を表現する意図をもって、言語の法典を利用するさいの結合、（2）かれにそうした結合を表出することをゆるす精神物理的機構。
> 　　　　　　　　　　　　　　　　　　　　　　　　　　（『講義』pp. 26-27）

『講義』におけるソシュールのこのような議論を、バフチンは抽象的客観主義の基本理念のすべてに驚くほど明晰な表現を与え、バフチンの『マルクス主義と言語哲学』（ロシア語原典の書名の日本語訳）が書かれた時代（1920年代後半）にはすでに古典と見なすことができると評している（バフチン, 1929/1980, p. 118、以降同書を『マル言』と略記する）。

ソシュールのラングに対して、チョムスキーは、完全に同質的な言語コミュニティにいて、その言語を完全に知っていて、知識の運用に際して記憶容量や外部からの妨害などの文法とは無関係な要因に影響されない理想的な言語ユーザーを想定し、そうしたユーザーが有する知識をコンピテンスと呼び、その解明と記述を言語研究の課題とした。ソシュールとは異なる捉え方をしているが、やはり同じ抽象的客観主義である。さらにその後、ハイムズ（Hymes, 1972）による社会言語的知識の提唱以降、コミュニカティブ・コンピテンスの定式化に向けた研究が活発に行われ、カナルとスウェイン（Canale and Swain, 1980）やカナル（Canale, 1983）で一定の結実を見る。コミュニカティブ・コンピテンスは、文法的コンピテンスだけでなく、社会言語的コンピテンスやディスコース・コンピテンスやストラテジー・コンピテンスなどをも含む言語コミュニケーションに関わる包括的なコンピテンスとして定式化されたわけだが、それはパフォーマンスの背後にあってそれを可能にする知識という意味でやはり抽象的客観主義の流れに位置づけられる。

　そして、20世紀以降の第二言語教育はその基本的な枠組みとして、ソシュールに始まるそのような言語観の基盤の上に企画され実践されてきた。よりわかりやすく言うと、言語研究は当該の言語について記述を進め、第二言語教育で何を教えるべきかを第二言語教育者に教える。そして、第二言語教育者はそのようにして教わった「教育内容の目録」（西口, 2013, p. 31）に基づいて教育を企画し、「目録」の個々の事項を学習者に習得させるという形で教授実践が行われたのである。詳しい議論は別の論考（西口, 1991）に譲るが、外国人に対する日本語教育や日本の英語教育でのコミュニカティブ・アプローチの試みの多くは、ラング的な言語事項の代わりにコミュニケーションを実行するための実用的な言語表現を新たな教育内容としただけで、教育の企画と実践及び言語研究と第二言語教育の関係は何ら変わっていない。西口（2020）では第二言語教育のそのようなパラダイムを同じ意味で即物主義と呼んでいるが、第二言語教育は過去約100年間、抽象的客観主義の魔法にかかり、言語中心の即物主義の呪縛に遭っていると言わなければならない。

2. バフチンの言語への視線

2-1　当事者視点の言語観

　『マル言』でイデオロギー的な活動と作品に関するマルクス主義の学を確立するための基盤として言語現象を把捉しようとしたバフチンには、言語を上述のように主体からも実際の言語活動からも切り離して独立に存在する「規範として自己同一的な諸形態の体系」（system of normatively identical forms）として見るソシュール的な抽象的客観主義による言語への視線はとても受け容れることはできなかった[2]。では、バフチンはどのような視線を言語に向けているのだろう。バフチンは実際に言語活動に従事する主体に視線を向けて以下のように説き始める。

　　　彼（語る主体──筆者注）にとって重要なのは、ある言語形態が所与の具
　　体的な脈絡〔状況の脈絡と言語化された脈絡〕のなかに登場することを許容
　　するような側面です。所与の具体的な状況の中で言語形態が〔状況に〕ふ
　　さわしい記号となりうる側面です。以上のことは、次のように言うことも
　　できます。語る主体にとっては、言語形態が自らの関心事となるのは、常
　　に自己に等しい不変の信号（シグナル）としてではなく、常に変わること
　　の可能な、しなやかな記号としてであると。　　　　（『マル言』pp. 140-141）

　次に、理解する主体における言語活動に関わる過程について次のように論じる。

　　　発話を理解するという課題は、基本的には〔語り手によって〕、用いられ
　　た形態をそれとして認知することではありません。その形態を、所与の具
　　体的な脈絡の中に置いて理解するということ、所与の発話のなかで当の形

---

2 そのようなバフチンの営みを桑野は「イデオロギーに関する学としての記号に関する学」
　（桑野, 2002, p. 11）あるいは短く「イデオロギー学としての記号学」（同書 p. 12）と呼ん
　で、バフチンの記号学の独自性を強調している。

態がもつ意味を理解するということにあります。その形態の用いられ方の新しさを理解することであって、その同一性を再認することではありません。…言語形態を理解するという過程を構成するのも、〈同一のもの〉を認知するということではなく、語の本来の意味での理解、つまり所与の脈絡・所与の状況における志向・方向決定です。いいかえると、生成過程のなかでの志向・方向決定です。何らかの静態的なあり方をしている状態のなかでの志向・方向決定ではありません。　　　　（『マル言』pp. 142-144）

そして、自身の言語への視線の総括として以下のような議論を展開している。

　　言語形態が語る主体に与えられるのは、先に示したように、ある一定の発話行為が行われる具体的な脈絡のなかにおいてだけです。従って、それは一定のイデオロギー的脈絡のなかにおいてのみ、主体に与えられるものです。私たちは、実際には、言葉そのものを発したり聴いたりすることは決してありません。私たちが発し、私たちが聴くのは、真実か虚偽か、善きことか悪しきことか、重要なことかくだらぬことか、分かることか分からぬことか、などです。言葉そのものは、常にイデオロギー的な内容と意味、あるいは、生活上の内容と意味に充たされているものです。そのようなものとして、われわれは言葉〔発話〕を理解するのです。私たちが答えるのも、私たちのイデオロギー上の関心、あるいは生活上の関心に触れる言葉〔発話〕に対してのみです。…普段は〔対象レベルでは〕言語規範にかなっているかどうかという基準は、純粋にイデオロギー上の規範によって吸収しつくされております。つまり、発話として言語規範にかなっているかどうかの基準は、当の発話が真か偽か、詩的か凡庸かなどといった基準によって全く吸収されてしまいます。言語は、それが実際に使用される過程にあっては、それをイデオロギーによって充たすことから、あるいは実生活上の利害関心によって充たすことから、切り離すことはできません。…言語形態を、それを充たすイデオロギーから切り離されたものとして実体化するとすれば、…私たちは、再び信号に回帰し、言語活動に属する記

号には行き着けぬことになるでしょう。言語とそれをイデオロギーによって充たすこととの間には断絶がある、これが抽象的客観主義の陥っている最も深い誤りの一つです。 （『マル言』pp. 145-147）

　前節で論じたソシュールの言語への視線と対比して、こうしたバフチンの視線の違いは一体何によるものなのだろう。それは、ソシュールの視線が徹底した観察者視点であるのに対し、バフチンは言語活動に従事する当事者の視点に立って言語現象を把捉しようとしているということである。

2-2　言語活動の真の現実 ── 言語活動という社会的な出来事

　バフチンの抽象的客観主義批判も上述の言語への視線の議論も、実は同書の第2部「言語哲学への道」の一部となっている。その第2部は、「言語哲学の対象は何か。それをどこに見出すべきか。その具体的な客観的所与はどのような形をとり、方法論的にいって、それにどう近づきうるのか」という問題提起から始まっている。そして、第2部の第3章の最終節の冒頭で「今や私たちは、第2部第1章の冒頭で提出しておいた問いに答えることができます」と言った上で、バフチンは次のように書いている。

　　言語活動（言語・発話）の真の現実とは、言語形態の抽象的な体系でもなければ、モノローグとしての発話でもありません。ましてや、モノローグ＝発話を産出する心的・生理的な作用でもありません。それは、ひとつの発話と多くの発話とによって行われる、言語による社会的相互作用〔コミュニケーション〕という、社会的な出来事〔共起・共存〕です。言語相互作用こそが、かくして言語の根本的な実在の仕方だ、ということになります。
（『マル言』p. 208）

　この部分について少し原典のロシア語に注目して見てみると、「言語による社会的相互作用」はロシア語では "rechevoe vzaimodeistvie" で、"rechevoe" は「言語的な」、"vzaimodeistvie" は「互いに場所を換えながらする活動」というような意味で、「相互行為」ではなく「相互作用」というのは工夫された

訳だと見られる。〔 〕内の「コミュニケーション」は訳者の補足である。また、「社会的な出来事〔共起・共存〕」の部分の「出来事〔共起・共存〕」はロシア語原典では"sobytie"となっていて、後ろの〔 〕内はやはり訳者の補足である。"sobytie"は共有性や共同性を表す"so-"と存在を表す"bytie"からできていて、英語で言うと"co-being"や"co-event"のような語構成になっている。"sobytie"は出来事を表す一般的なロシア語であるが、ホルクイスト（Holquist, 1990）によるとバフチンがこの言葉を用いる場合は、この「共存」の側面が前面に出されると言う。実際、『行為の哲学によせて』（バフチン, 1920-24/1999a）などのバフチンの哲学的著作では、存在を表す"bytiya"といつもいっしょに"sobytie bytiya"という形で使われている。バフチンは、**実存は出来事**であり、**共有される出来事**であると主張しているのである（Holquist, 1990, p. 15、邦訳p. 37）。このような趣意を含めてバフチンは、言語活動の真の現実とは、一つの発話あるいは多くの発話によって行われる言語による社会的相互作用という社会的な出来事だと主張しているのである。

2-3　言語の現実とことばのジャンル

　言語活動の現実にこのような視線を向けるバフチンにとっては、言語の現実はそうした言語活動[3]という社会的な出来事に関与している発話やディスコース以外にはない。そして、いずれの発話もディスコースも「（日常の・文学上の・認識上の・政治上のコミュニケーションという）途切れることのない言語コミュニケーションの一契機」（『マル言』pp. 209-210）をなすのであり、「言語が生き、歴史的に生成しつつあるのは、まさに今ここでのこの具体的な言語コミュニケーションの中でです」（p. 211）となる。

　抽象的客観主義の視線を拒否して、言語の現実をこのように見るとして、その場合に言語への接近や言語研究はどのように行えばいいのだろう。そのような疑問に、バフチンは節を改めることなく速やかに以下のように簡潔に答えて、ことばのジャンル（以降の引用では「発話のジャンル」と言っている）のアイデアを提出している。

　3　本書で言語活動と言う場合は、このようにバフチンの言う「一つの発話あるいは多くの発話によって行われる言語による社会的相互作用」を指す。以降も同様である。

① 言語コミュニケーションの形態と類型とを、その具体的な諸条件と関連させながら、解明する。

② 個々の発話・個々の言語運用を、それが構成要素になっている言語コミュニケーションと関連させつつ説明する。つまり、言語コミュニケーションによって規定されている、日常生活とイデオロギー活動との中で発せられる発話のジャンルを解明する。

③ 以上の成果をふまえて、言語学がふつう、言語形態を扱う扱い方を再検討する。　　　　　　　　　　　　　　　　　　　　（『マル言』p. 211）

　端的に言うと、ソシュールのラングに代えて、このことばのジャンルに注目して言語研究を行うのが適当だと提案しているのである。このような当事者視点に立つ言語観に基づく言語の研究を桑野は「**生きた交通の場の発話（ディスコース）の言語学**」と呼んでいる（桑野, 2002, p. 64）。そして、その発話（ディスコース）の言語学の中軸にことばのジャンルという視点があるのである。

3. ことばのジャンルとことばの多様態性

3-1　ことばのジャンルと言語活動従事

　このようなことばのジャンルのアイデアの提案に続いて、バフチンは邦訳で約4ページにわたってことばのジャンルというアイデアについて概略を論じている。しかし、その議論は十分に尽くされたものではなかった。ことばのジャンルについての本格的な議論については、同書から20年以上後に書かれた（が未定稿に終わった）「ことばのジャンル」（バフチン, 1952-53/1988、以降「ジャンル」と略記する）を待たなければならない。

　同書でバフチンはことばのジャンルについて以下のように論じている。いくつかの節を引用する。

　　　人間のさまざまな活動領域のすべてが、言語の行使とむすびついている。…これらの発話は、それぞれの活動領域の特殊な条件と目的を、…な

によりもまず、〔発話の〕構成に反映しているのである。…個々の発話は、もちろん、どれも個性的なものだが、しかし言語の行使のどの領域も、われわれがことばのジャンルと呼ぶところの、発話の相対的に安定した諸タイプをつくり上げているのである。 （「ジャンル」pp. 115-116）

　ことばのジャンル——それは言語（ラング）の形式ではなくて、発話の典型的な形式である。そのようなものとしてジャンルはみずからのうちに一定の典型的な、そのジャンルに固有の表情をとり込む。ジャンルのなかで語はなんらかの典型的な表情を獲得するのである。諸ジャンルは、言語コミュニケーションの典型的なそれぞれのシチュエーション、典型的なそれぞれのテーマに、したがってまた、語の意義と具体的な現実とが典型的な状況においてとりむすぶなんらかの典型的な接触（コンタクト）に、それぞれ対応している。 （「ジャンル」p. 166）

　われわれは一定のことばのジャンルでもって話す。つまり、われわれの発話はすべて、〔発話の〕全体を構築するための比較的に安定した一定の定型的形式をもつ。われわれは話しことば（ならびに書きことば）のジャンルの豊かなレパートリーをもつのである。…われわれは多様なジャンルで話していながら、それらのジャンルの存在には少しも疑問を抱かない。ごく自由なうちとけた会話にあってすらも、われわれは自分のことばを、一定のジャンル形式にしたがってつくり上げているのである。それは月並みな紋切り型の形式のこともあれば、より柔軟で可塑性をもつ創造力に富んだ形式のこともある（日常のコミュニケーションも創造的なジャンルをもつ）。 （「ジャンル」pp. 148-149）

　ことばのジャンルの豊富さ、多様さには限りがない。というのも、多岐にわたる人間の活動の可能性はくみつくしえないものであって、それぞれの活動領域がことばのジャンルの一定のレパートリーをもち、このレパートリーは、当の領域が発達して複雑になるにしたがって、分化し成長するからである。 （「ジャンル」p. 116）

これらをまとめると以下のようになる。

(1) 人間のさまざまな活動領域のすべてが、言語の行使と結びついている。

(2) 発話は、それぞれの活動領域の特殊な条件と目的を発話の構成に反映している。

(3) 言語の行使のどの領域も、**ことばのジャンル**と呼ぶところの**発話の相対的に安定した諸タイプ**を作り上げている。ことばのジャンルは、そのような意味での**発話の典型的な形式**である。

(4) わたしたちは一定のことばのジャンル「でもって」話す（「でもって」の部分は、当面バフチンの表現をそのまま維持している）。

(5) わたしたちは、話し言葉と書き言葉のジャンルの豊かなレパートリーをもっている。

(6) わたしたちは、多様なことばのジャンルで話して（書いて）いながら、ことばのジャンルの存在にまったく気づかない。

(7) ことばのジャンルはきわめて豊富であり、その多様さには限りがない。

バフチンの説明を補足するような形で、ホールは対面的な口頭での言語活動（ホールの論文では相互行為実践、interactive practice）の場合を例としてことばのジャンルの特性や働きについて詳細に論じている（Hall, 1995）。そこでホールは、**ジャンル的相互行為リソース**という用語を用いている。

　　わたしたちが相互行為実践に参与するときに影響を与える知識領域の一つは、ジャンル的相互行為リソースで構成されている。それらの具体的な集合体は、プロトタイプ的な言語行使あるいは一定のパターンに整序された言語行使の集合、あるいはバフチンが「出来事の結晶」と呼ぶもの（Morson and Emerson 1989, 1990）である。それらは、典型的な相互行為実践と典型的なテーマに対応しており、関連する実践の蓄積された歴史的な諸側面を内包している。つまり、特定の相互行為者集団による過去の具体的状況の諸契機で実際に行使されることを通して言語行使の習慣性が作り上げられていて、そうしたリソースの集合は各々特定の世界観つまり「価

24

値判断、状況の定義、起こりうる行為の意味などの複合体」（Morson and Emerson 1989: 22）を発達させている。そして、そのような沈殿した歴史的な意味や心的態度をあらかじめ染み込ませて、われわれの実際の相互行為の契機にやってくるのである。…具体的な契機でわたしたちがそうしたリソースを利用するとき、それは当該の契機の諸条件への具体的な応答、つまりバフチンが発話と呼ぶもの（Morson and Emerson 1990）となる。そして、そうした応答をするとき、わたしたちは腹話術をしている、つまり利用可能なリソースの慣習的な意味を援用して自分自身の声を作り上げている（ventriloquating、Wertsch 1991）のである。　　　（Hall, 1995, p.208、筆者訳）

　ホールは、ことばのジャンルの存在形態を**プロトタイプ的な言語行使**（protopypical uses）、あるいは**一定のパターンに整序された言語行使**（patterned regularities of use）というふうに特徴づけている。そして、わたしたちが言語活動に従事するときにはいつでも、沈殿した歴史的な意味や心的態度を染み込ませたホログラムのようなそうしたリソース群がやってきて現下の言語活動従事の契機を 象 ってくれて、それがわたしたちの声＝発話となると説明している。

　つまり、発話とは、言語活動に従事している者の発現途上にある意識が、歴史的な意識を染み込ませたプロトタイプ的な言語行使と出会って、**歴史的な意味と現下の唯一的な意味が形態を獲得した瞬間の産物**なのである。そして、わたしたちは**歴史的な意識が染み込んだプロトタイプ的な言語行使**というリソース、つまりことばのジャンルを援用して、**言語活動に従事し、発話やディスコースを生成したり受容したりしている**のである[4]。

　発信者であれ受信者であれ、言語活動に従事するときは、そこにことば的媒介が関与している。しかし、ことばのジャンルは実体ではなく、あくまでことば的媒介に関与するリソース（的知識）である。ことば的媒介は心理言語的な働きであり、言語活動に従事するときに作動する作用である。それは、**ことばのジャンルをリソースとして言葉遣いという姿で発話やディスコースを生み出**

4　ことばのジャンルについては西口（2013）の第5章と第6章（pp. 77-111）で詳しく論じているので、そちらも参照してほしい。

す言語象徴機構である[5]。

このように、発話やディスコースは、発信者があらかじめある伝えたい意味や思考を符号化して産出したり、受信者がそれを受けて符号解読をして意味を受け取るという性質のものではない。発話やディスコースは、発信者と受信者が共有する共通の領域（バフチン, 1929/1980, p. 188）として対話的な人間の生の世界（バフチン, 1961/1988, p. 262）、対話的存在圏（バフチン, 1963/1995, p. 565）に両者が共々に入っていくための足がかり、あるいは拠り所である。そして、現在目の前にいる対話相手とともに、また目の前にはいない潜在的な対話者とともに、そして過去や未来の対話者とともにこの人間的な生の世界を生きているという感覚がすべての意味の源泉となるのである[6]。

3-2　ことばのジャンルからことばへ

2-3の冒頭でも言及したように、言語の現実は実際の言語活動従事に関与している発話やディスコースである。それは、実際に従事中の口頭言語の（そして典型的には対面的な）言語活動とその中で行使される**発話**であり、やはり実際に展開される書記言語の言語活動とその中で行使される**ディスコース**であ

---

5 このように言語を客体的な実体ではなく、作動する機構として捉える見方は、最近の応用言語学研究で分析的視座として用いられている超言語営為（translanguaging）の言語営為（languaging）という見方と重なる。言語営為という視点では、言語を出来事などの現実と当事者そのものを構成する行為として見るのである。ガルシアとウェイは言語営為を以下のように説明している。

> 言語は、他者と関わる人間の行為とは独立した単なる構造のシステムではない。わたしたちがこの世界で相互的に行為して意味を創り出しながら、わたしたち自身とわたしたちの言語実践を同時に継続的に成り立たせるプロセスを指示するために、言語営為という用語が必要なのである。　　　　　　　　　　（筆者訳）

> Language is not a simple system of structures that is independent of human actions with others, of our being with others. The term *languaging* is needed to refer to the simultaneous process of continuous becoming of ourselves and of our language practices, as we interact and make meaning in the world.
> 　　　　　　　　　　　　　　　　　　　　　　（García and Wei, 2014, p. 8）

　そして、当然のことだが、かれらもこうした言語営為という視点の淵源としてバフチンの言語観を挙げている。
6 バフチンの言語観においては内的言語つまり内言も重要なテーマであるが、本章ではひとまずは外的に行使された言語について論じている。内言については、西口（2013）の第3章（pp. 45-57）や西口（2015）の第4章（pp. 61-83）で論じている。

る。そして、前者の発話はいずれも当該の言語活動にともに従事している相手に向けられ相手からの応答を期待しているという意味で本源的に対話的であり、後者のディスコースもそのディスコースが総体として読者に向けられ応答を期待しているという意味でやはり対話的である。後者の場合は、実際には、ディスコースを生成している途上でも読者と対話をしていることになるが。

　本書では、そのような発話とディスコースを合わせてことばと呼ぶことにする。ごく端的に言ってしまうと、ことばというのは実際に行使された言語で、発話は口頭でのことば、ディスコースは書記でのことばとなる[7]。

$$
\text{ことば}\begin{cases} \text{発話} \\ \\ \text{ディスコース} \end{cases}
$$

　ここに言う言語活動従事や言語の行使に、発信（言語の産出）の場合と受信（言語の受容）の場合の両方が含まれることは言うまでもない。いずれのことばも言語活動の現場にあって一定の実体として外部に提示される。対話の当事者たちはその実体を両者の間に架けられた橋で、当事者たちが共有する共通の領域（バフチン, 1929/1980, p. 188）として言語活動に従事するのである。

3-3　ことばの多様態性

　言語活動従事の当事者たちの間に架けられた橋であり、当事者たちが共有する共通の領域であることばは、音声の言語活動で交わされることばの場合でも書記言語能力を身につけている言語ユーザーにおいてはしばしばその形態や

---

7 ここでは、口頭言語と書記言語それぞれの典型的な特性に注目して発話とディスコースの境界線としたが、実際には発話とディスコースは、発話は簡潔に終わって話者交替（turn-taking）することばで、ディスコースは緊密にあるいは緩やかに結束性があり長く展開された上で話順交替が行われることばというふうに区別するほうがふさわしい。例えば、会議などでの一定の長さのある発言は、口頭言語ではあるが後者（ディスコース）の性質を有している。また、同僚への「お先に失礼します」、家族への「晩ごはん、冷蔵庫！　今日は少し遅くなります」などのメモは、書記言語だが前者（発話）の性質に傾いている。

要素や構造などが多かれ少なかれ自覚される[8]。そのように自覚されることばは、自覚の目線の違いにより、言葉遣い、語や語の系列、言語事項とその構成体という3種類の様態を現出させる。ただし、様態間の区別は必ずしも分明ではないが。

　最初の言葉遣いというのは、言語活動従事中に特定の単位のことばを一つの熟知した言い回しとして緩やかに自覚する場合である。単位の切れ目は、書記言語の場合は句点によって示される。口頭言語の場合は音声の切れ目として示されると言ってよいだろう。次の語や語の系列は、発話を聞いたりディスコースを追ったりするときに、語や語の系列を見出す場合である。これは書記言語の場合に顕著に起こる現れだと言えるが、口頭言語においても一定の注意を向ければ起こることである。そして、最後の言語事項とその構成体というのは、語や語の系列よりもさらに自覚度が高くなって、語を明確に単語として意識し、句構造なども自覚に上り、文型や文法事項なども意識化された場合の様態である。この様態は、典型的には学習者が産出した発話やディスコースを言語教師が観察する場合や、言語活動従事において未習熟の語や文型や文法事項などを操作している学習者の場合に自覚される。

　こうしたことばの多様な現れを図式化すると図3のようになる。つまり、言語活動従事に関与していることばは自覚の目線の違いにより、言葉遣いとしても、語や語の系列としても、言語事項とその構成体としてもわたしたちに立ち現れるということである。そしてまた、目線をずらすことにより、言葉遣いとして緩やかに自覚されていたものが語や語の系列に見えたり、それに観察的で分析的な注意を向けると、言語事項とその構成体が立ち現れるというように、これら3様態の間で姿を変えることもある。図3の底部の両矢印はそのような事情を示している。

　3-1で、バフチンの言語観に基づいて、わたしたちの言語活動従事に直截に関与している知識（リソース）はことばのジャンルであると述べた。では、ことばのジャンルは図3のどの部分に配置でき、他の要素とどのような関係にあ

8　書き言葉の発達と連動して発達する自覚的な言語的思考が未だ発達していない子どもは、言語活動従事中に自身が話していることばを自覚することはない。ヴィゴツキーはそうした現象を「ガラスの理論」（ヴィゴツキー, 2003, p. 205）と呼んで説明している。

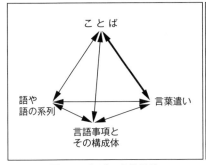

図3　ことばの多様態性

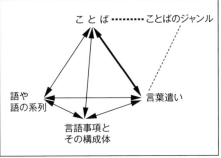

図4　ことばの多様態性とことばのジャンル

るのだろう。それを示したのが図4である。

　ことばのジャンルからことばと言葉遣いに引かれた破線は、ことばのジャンルがその両者と関わっていること、そして語や語の系列及び言語事項とその構成体にはことばのジャンルは直接には関係していないことを示している。語や語の系列及び言語事項とその構成体は、ことばからの直接的な抽象か、言葉遣いからの二次的な抽象になるということである。一方で、ことばと言葉遣いは密接な関係にあり、それは太い両矢印で示されている。3-1で論じたように、言葉遣いはいわば、実際に行使されることば（発話やディスコース）におけることばのジャンルの姿である。実際の言語活動従事において話し手（あるいは書き手）はことばのジャンルを援用してことばを産出するのであるが、産出された瞬間にことばは、ことばのジャンルとのつながりを維持しながら言葉遣いとして緩やかに自覚される。また、ことばの受け手は自身に向けられたことばを理解する際にことばのジャンルを援用するのであるが、理解が達成された瞬間にことばは、やはりことばのジャンルとのつながりを維持しながら緩やかに言葉遣いとして自覚される。このようにことばと言葉遣いは実際の言語活動従事においてほとんど一体の関係にあるのである。あるいは、ことばのジャンルとことばと言葉遣いは三位一体の関係にあると言ってもよいだろう。

4. 言語活動従事と言葉遣いを中軸とした新たな第二言語教育の構想

4-1　ことばの多様態性とことばのジャンルの関係からの示唆

　ことばとことばのジャンルとことばのさまざまな見え方（自覚のされ方）のこのような関係は、ことばを意識化する傾向がある成人における第二言語の習得をめぐって以下のようなことを示唆している。一つは、言語本来の性質を損なわないで第二言語の習得を行おうとするならば、ことばを言葉遣いとして自覚することはかろうじて許容されてよいが、語や語の系列として、さらには言語事項とその構造体として自覚することは抑制して言語習得のための活動に従事しなければならない、ということである。本来対話という言語活動のただ中にあることばを語や語の系列さらには言語事項とその構造体として自覚するとその瞬間に、ことばはそれが生きる脈絡から脱離して生命を失ったモノと化してしまうからである。

　一方で、ことばを当面言葉遣いとして捕捉することは成人における第二言語習得の企画において重要な役割を果たすだろう。すなわち、捕捉した言葉遣いに分析的な目線を向けると言語事項とその構成体という様態が得られるわけで、その言語事項とその構成体という様態は言語を一つのシステムとして把握する見方につながる。そうすると、第二言語習得の企画者としては、ことばのジャンルにつながる言葉遣いの習得や蓄積を企画しつつ、その一方で、さまざまな言葉遣いを分析的に捉えることで、システムとしての言語の習得の側面も企画することができるということである。

4-2　新たな第二言語教育の構想

　言葉遣いに注目することでわれわれは、一方で**ことばのジャンルとのつながりで実際の言語活動への内属性を保持**しつつ、他方で**言語事項とのつながりで体系としての言語との関係を維持**する形で言語を見ることが可能になる。そして、そうした観点を得ることで、言語活動従事と言葉遣いを中軸に据えて、体系としての言語のあり方にも必要な配慮をしつつ、学習者を実際の言語活動に従事させてことばを「飛行させ」（Scarcella and Oxford, 1992, p. 35）たまま言語の上達を支援し促進するという新たな言語習得支援の構想を見出す（西口, 2020, p. 59）。

新たな言語習得支援の構想では、教育課程はラングの要素の言語事項や実用的な言語表現を教育内容として企画するのではなく、特定の種類の言語活動を単位（ユニット）として編成される。その言語活動としては教室の中で真の対話的な言語活動が編成されるテーマを中心とした表現活動が選ばれる。そして、各ユニットでの具体的な習得支援のための活動としては、言語活動従事を通した言葉遣いの蓄えの形成と、同じく言語活動従事を通した言葉遣いの補強と補充が学習者において進行する活動の機会を提供する[9]。そのような活動に豊富に従事することが言語技量（Widdowson, 1983）を有効に育成すると想定されるのである。西口（2020）では、そのような構想を具体化した入門から中級前半までの日本語教育の企画と教材が紹介され、教授実践についての原理と方法が包括的に論じられている。

5. 結 び

　バフチンが提唱する当事者視点の言語観は上のように新たな第二言語教育の企画と実践の可能性の扉を開けてくれる。また、当事者視点の言語観は、言語についての社会学的な見方や社会実践論的な見方や文化歴史的な見方などへとつながる。第2章以降の各章ではそうしたさまざまな立場からの言語についての見方を論じることになる。そのような意味で、本章で論じた当事者視点の言語観は本書全体に通底する言語への視線となる。

文献案内

□ 基本文献

1. バフチン（1929/1980）『言語と文化の記号論 — マルクス主義と言語の哲学』
　北岡によるロシア語原典からの翻訳です。この本の第1部「記号の哲学の諸

9　西口では、そのような言語習得を促進する活動を言語促進活動と呼んでいる（西口, 2020, pp. 75-83, pp. 97-101）。

問題」（pp. 10-90）と第2部「言語哲学への道」（pp. 92-237）をまず読んでください。バフチン言語哲学の基本です。第3部「言語テクストにおける発話の類型」（pp. 240-368）は、第1部と第2部で論じたことの応用編のような内容となっています。同書は絶版になっていますので、桑野訳のバフチン（1929/1989）で読んでもいいです。

2. バフチン（1952-53/1988）「ことばのジャンル」

　ことばのジャンルという視点を理解するためにはこの論考は必読です。しかし、この本は未定稿のままの出版なので、必ずしも十分に議論が整理されていません。また、この論考が採録されている『ことば 対話 テキスト』（新谷他訳、1988）も残念ながら絶版になっています。そんな事情ですので、まずは、1を読んでください。

□ **概 説**

1. バフチンの言語哲学を知る

・西口（2013）『第二言語教育におけるバフチン的視点 — 第二言語教育学の基盤として』

・西口（2015）『対話原理と第二言語の習得と教育 — 第二言語教育におけるバフチン的アプローチ』

　前者は、第二言語教育者や第二言語教育研究者の関心に引き寄せてバフチンの言語哲学を解説しています。バフチンのイデオロギー学としての記号の学への入口として最も適しています。後者は、ジャンル論と対話原理に絞って議論した上で、同議論から第二言語の習得と教育の原理を導き出して、その原理を具現化した自己表現活動中心の基礎日本語教育について論じています。日本語教育（学）の方には、後者を先に読むことをお勧めします。

2. バフチンの言語論を知る

・バフチン（1926/2002）「生活のなかの言葉と詩のなかの言葉」

・バフチン（1930/2002）「芸術のことばの文体論」

　いずれも『バフチン言語論入門』（バフチン, 1926-30/2002）所収の論考です。言語を軸としてバフチンを知りたい場合は、この本が最適です。

3. バフチンの全体像を知る

・桑野（2002）『バフチン 新版——〈対話〉そして〈解放の笑い〉』

・桑野（2020）『増補 バフチン——カーニヴァル・対話・笑い』

　桑野（2002）は、思想形成の履歴を辿りながらのバフチン論になっています。桑野（2020）は、「行為の哲学によせて」（バフチン, 1920-24/1999a）や「美的活動における作者と主人公」（バフチン, 1920-24/1999b）などで示された初期の思想をその後のバフチンの思想と学問的営為の深淵で広大な展開の萌芽として位置づけて、バフチンの研究と思想の全体像を包括的に提示しています。著者の深い学識の下に書かれた本書はまさに圧巻です。バフチン理解を深めるためにはまずは前者を読むのがいいでしょう。しかし、何度も繰り返し読むつもりで後者を入手して読むのもいいと思います。後者は人文学の研究の醍醐味を味わわせてくれます。

□ さらに深めるために

1. バフチン（1934-35/1996）『小説の言葉』

　言語的多様性（ラズノレーチェ）、社会的言語、対話性、権威的な言葉と内的説得力のある言葉などバフチンの言語哲学を彩るさまざまな概念が論じられ、それらを視点として小説の構築が論じられています。

2. バフチン（1963/1995）『ドストエフスキーの詩学』

　約600ページに及ぶ大著で、バフチンの対話原理の深みを理解することができます。第二言語教育の関心からは外れる部分も多いですから、読むとすれば、第1章「ドストエフスキーのポリフォニー小説および従来の批評におけるその解釈」（pp. 11-95）、第5章第1節「散文の言葉の諸タイプ——ドストエフスキーの言葉」（pp. 367-413）、第5章第4節「ドストエフスキーの対話」（pp. 527-562）及び結語（pp. 563-569）の4ヵ所でしょう。各章の概要をわかりやすく説明してくれている解説（pp. 571-590）は本書全体の理解に大いに役に立ちます。

第**2**章

ヴィゴツキーの精神への社会文化的アプローチ

イントロダクション

　第二言語教育について考える場合、習得するべき内容を考えるとともに、習得の仕方あるいはより一般的には学び方も検討しなければなりません。そんな認識の下に、それまでの言語中心主義の第二言語教育に飽き足りない筆者が最初に関心を寄せたのは、状況的学習論でした（Lave and Wenger, 1991、西口, 1999; 2001b）。しかし、研究を進めて間もなく、状況的学習論の視点では学習という現象の捉え方のスコープが広すぎる上に、言語への焦点化が十分でないことがわかりました。そこで次に注目したのが、言語を発達に関わる枢要な要因として位置づけているヴィゴツキー（Vygotsky, L. S., 1896-1934）の精神発達の理論でした。

　ヴィゴツキーの精神発達の理論では、一般にはややもすると最近接発達の領域のみが注目されます。しかし、ヴィゴツキーの精神発達研究の展望はきわめて広範で深淵であり、最近接発達の領域ばかりに注目していてはその核心を捉え損ねてしまいます。ヴィゴツキーのヴィジョンでは、人間は心理的道具＝記号を媒介として環境からのランダムな刺激への隷属から解放されて、記号（その代表が言語）に制御された活動世界を拓きそこに生きる動物です。そして、そうした活動世界をますます拡張しながら生きる動物です。本章では、そのようなヴィゴツキーの理論をそのモチーフから明らかにしていきます。

はじめに

　本章の関心は、革命直後のロシアに彗星のごとく現れ、その死までのおよそ
10年の間に、後世に残る顕著な仕事を遺した発達心理学者ヴィゴツキーの精
神発達の理論である。近年、教育と学習の研究において、ヴィゴツキーの理論
を源流とする社会文化理論が注目を集めており、同理論を基礎としたアプロー
チによる教育・学習の研究も盛んに行われている[1]。また、最近になって、第
二言語の学習あるいは第二言語としての日本語の学習においても、社会文化
理論のアプローチを応用した研究が発表されるようになった（Lantolf and Appel
(eds.), 1994やLantolf (ed.), 2000所収の論文など）。しかしながら、そうした社会文
化的アプローチによる研究には、本当に社会文化的アプローチと呼ぶにふさわ
しいものかどうか疑問を感じる研究もまま見受けられる。

　本章は、第二言語としての日本語の学習と教育に関心の中心を置く筆者自身
がヴィゴツキーの精神発達の理論に関する理解を深めるため、及びこれから同
様の関心の下にヴィゴツキーの理論を研究しようとする人のための資料となる
ことを目的として書かれたものである。以下では、ヴィゴツキーの理論のさま
ざまな論点に関して、できる限りヴィゴツキー自身の著作からの引用を提示す
ることで、それらを素材として各々の論点に関する理解を深めようとするもの
である[2]。

1　ヴィゴツキーの理論は文化歴史的理論と呼ばれているが、最近の応用ではむしろ社会文
　化理論や社会文化的アプローチと呼ばれることが多い。本章では、後者の用語を使用す
　ることとする。
2　本章ではヴィゴツキーの著書から多数の引用をする。便宜のため、ヴィゴツキーの著書
　名については以下のように略した。『文化的‐歴史的精神発達の理論』（ヴィゴツキー,
　2005）→『精神発達』、『心理学の危機』（ヴィゴツキー, 1987）→『危機』、『人間行動
　の発達過程』（ヴィゴツキーとルリア, 1987）→『人間行動』、『「発達の最近接領域」の
　理論』（ヴィゴツキー, 2003）→『発達の最近接領域』、『新 児童心理学講義』（ヴィゴツ
　キー, 2002）→『児童心理学』。『思考と言語』（ヴィゴツキー, 2001）と *Mind in Society*
　(Vygotsky, 1930-35/1978) は各々そのまま。『精神発達』と『思考と言語』については元
　の論考出版後に新訳が出たので、引用は新訳に基づいた。併せて、ベイトソン（2000）、
　スピノザ（1931）、ルリア（1982）についても、それぞれ『精神の生態学』、『知性改善
　論』、『言語と意識』と書名で示した。

1. ヴィゴツキーの発達研究

1-1　活動性の体系

　ヴィゴツキーがその発達研究において興味・関心の対象としているのは、動物から文化的人間への精神の発達史、及び生まれてきた子どもが当該の社会文化の中で文化的人間として機能できるようになるまで（実際には、学校的な知識の学び及びリテラシーの獲得まで）の精神の発達史である。ヴィゴツキーの精神への社会文化的アプローチの視点を理解するためには、ヴィゴツキー自身が言及している**ジェニングスの活動性の体系**という概念から議論を始めるのが最もわかりやすいであろうと思われる。

　　　ジェニングスは、心理学の中に活動性の体系という概念を導入した。この用語でかれが表したことというのは、おのおのの動物が所有する行動（活動性）の方法や形態は、動物の器官や組織に制約された体系を示しているという事実である。たとえば、アメーバーは滴虫類のように泳ぐことができない。滴虫類は飛んで動きまわるような器官を持たない。

　　　　　　　　　　　　　　　　　　　　　　　　　　（『精神発達』p. 43）

　他の動物と同じく人間も、その行動方法に限界を画す活動性の体系をもっている。その体系の中には、木から木へと身軽に移動する能力や空を飛ぶ能力は入っていない。他の動物は生物学的に与えられた活動性の体系を拡大することはできない。

　　　しかし、人間は、道具を使って自分の活動性の範囲を無限に拡げるという点で、あらゆる動物を凌駕する。人間の脳と手が、かれの活動性の体系、すなわち、行動の可能な領域および形態を、無限に拡げるのである。

　　　　　　　　　　　　　　　　　　　　　　　　　　（『精神発達』p. 43）

　以下で論じるように、人間は物理的な道具及び心理的な道具を使って、行動

の可能な領域と形態を無限に拡げるのである。

1-2　発生的分析

　動物の系統発生というのは、ジェニングスの言う活動性の体系の分化と発達の歴史であると見ることができる。類人猿による道具の使用は、動物がその活動性の体系を克服する画期的なエポックである。また、類人猿からヒトとなった後の人類の社会文化史は、ヒトの活動性の領域と形態が「革命的に」拡張された歴史であると言うことができる。さらに、新しく生まれた子どもが生物学的及び社会文化的に成長していく過程は、有機的な発達要因と文化的な発達要因が共々作用した、個体による活動性の体系克服の歴史であると見ることができる。ヴィゴツキーは『人間行動』のまえがきで、そうしたテーマについて概説している。そこで扱われている具体的なテーマは以下の通りである。

(1) 類人猿の道具の使用と《発明》は、進化の系列における行動の生理的発達を完成し、行動の歴史的発達の基本的な心理学的前提をつくり出しながら、すべての発達を新しい過程へ移行させる準備となる。

(2) 労働と、それに結びついた人間のことばと他の心理学的記号の発達は、原始人がそれらによって行動を獲得しようと試みるものであるが、行動の文化的なまたは歴史的な──そのことばの本来の意味で──発達の起点を意味する。

(3) 子どもの発達では、生理的な成長と成熟とならんで、発達の第二の路線──文化的な行動と思考の方法と手段の獲得にもとづいた行動の文化的な成長がはっきりと区別される。

（『人間行動』pp. 1-2、英訳を参考に一部筆者改訳）

そして、それぞれのテーマに共通したアプローチとして以下のように述べている。

　　この三つのモメントのどれも、行動の進化における新しいエポックや発達タイプそのものの変化を示す徴候となっている。三つのすべての事例に

ついて、私たちは行動の発達の転換点もしくは臨界的段階を取りあげた。転換点あるいは臨界的モメントを猿の行動では道具の使用、原始人の行動では労働と心理的記号の使用、子どもの行動では自然的な心理学的発達と文化的な心理学的発達への発達の道筋の分化、と私たちは考えている。われわれはなによりもまずそれぞれの臨界的な転換の時期を発達の過程に持ち込まれる新しいものという観点から検討している。このように、筆者たちはそれぞれの時期をそれ以降の進化の過程にとっての出発点とみなしたのである。　　　　　　　　　　（『人間行動』p. 2、英訳を参考に一部筆者改訳）

　同書では系統発生については一般的な議論をごく概略的にした上で、大部分は類人猿の行動の発達に費やされている。本書の関心としては系統発生について特段の興味はないので、以下、精神の社会文化史と個体発生についての議論に進む。

2. 精神の社会文化史

2-1　媒 介

　類人猿の道具使用はきわめて限定された範囲にとどまる。また、道具の加工という点では、ほとんど見るべきものもない。類人猿の道具使用は活動性の体系克服の画期的な一歩を画したとはいえ、その一歩にとどまる。これに対し、人間による物理的道具の使用は、旧石器時代においても明らかに類人猿をはるかに凌ぐものであり、それ以降の道具使用の進化は類人猿のそれと比べるべくもない。しかし、人間において一層重要なのは、心理的道具や記号を発達させたことである。ヴィゴツキーは、記号の獲得によって人間は特殊性の頂点に達したと高らかに宣言する。

　　記号の最初の使用は、すべての精神機能に存在する活動性の体系の有機的限界の突破を告げる。補助手段の適用、媒介的活動への移行は、すべての心理操作を根本的に変える。　　　　　　　　　　　（『精神発達』p. 115）

物理的道具を獲得することで人間は新しい行動のシステムを獲得する。それと同様に、心理的道具は新たなシステムを心理面においてわれわれにもたらすのである。

　　　技術的な道具が労働諸操作の形式を規定することによって、自然的適応の過程を変異させるのと同様に、心理的道具もまた、行動の過程に挿入される場合、自らの諸特性によって新しい道具的な作用（アクト）の構造を規定し、心理的諸機能の全経過・全構造を変異させる。　　　　　　　　（『危機』p. 52）

　ヴィゴツキーは物理的道具と心理的道具あるいは記号を重ね合わせる根拠として、両者がもつ**媒介的機能**を指摘し（『精神発達』p. 113）、両者を対比しながら次のように論じている。

　　　道具は、人間がその活動の対象にはたらきかけるばあいの先導者となる使命をになっている。それは外に向けられており、客体のなかにあれこれの変化を呼び起こされなければならない。道具は、自然の征服に向けられた人間の外的活動の手段である。記号は、心理的操作の対象になんの変化も起こさない。記号は、他人あるいは自分の行動に対する心理的作用の手段であり、人間自身の支配に向けられた内面的活動の手段である。
　　　　　　　　　　　　　　　　　　　　　　　（『精神発達』pp. 114-115）

　また、次の箇所では、心理的道具の起源が社会的活動にあることを指摘している。

　　　心理的道具は、人為的な構成体である。その本性からしてそれらは社会的なものであり、有機体的あるいは個体的な適応〔装置〕ではない。それらは、ちょうど技術が自然の諸過程の統御に向けられているのと同様に、他者もしくは自分の行う諸過程の統御に向けられている。　（『危機』p. 52）

　行動の過程に心理的道具が挿入されたとき、何が起こるのであろうか。この

点について、ヴィゴツキーは次のように説明している。

　　まず第一に、その（心理的―筆者注）道具の利用や制御と結びついた一連の新たな機能を活動させる。第二に、一連の自然的な過程を廃棄し、不要のものにする、つまりそれらが果たしていたはたらきを道具が遂行する。第三に、道具的作用の成分となるすべての心理的諸過程の経過や個々の諸契機（強度、持続性、順次性、等々）を変異させ、ある機能を別の機能に置き換える。すなわち、技術的な道具が労働諸操作の全構造を改造するのとまったく同様に、行動の全構造を改造し、再編成するのである。全体として構造的かつ機能的なある複雑な統一体を構成している心理的な諸過程が、客体によって提起された課題の解決へと向けられ、道具によって指定される経過の順序に従うようになると、新たな全体―道具的作用を構成することになるのである。　　　　　　　　　　　　　　　（『危機』p. 55）

　原始的な形態の心理的道具の例としては、行く道を示すために木に刻まれた疵や、在庫している物の数を代行して示す紐の結び目や石などが挙げられる。そして、より高度な心理的道具の例としては、「言語、記数法や計算のさまざまな形式、記憶術のための諸工夫、代数記号、芸術作品、文字、図式、図表、地図、設計図、そしてあらゆる種類の記号など」（『危機』p. 52）が挙げられる。

2-2　媒介-手段を-用いて-行為する-個人

　次の文は、ベイトソンからの引用である。

　　たとえばわたしが盲人で、杖をついて歩いているとします。そのとき、一体どこからが「わたし」なのか。杖の柄のところか、杖の真ん中あたりなのか、それとも杖の先なのか。こういうのは無意味な問いであります。杖は、差異が変換されながら伝わっていく道筋であるのですから、システムの外枠を描くのであれば、これら数々の伝達経路を切断するように線を引いてはなりません。そうしてしまったのでは、システムの説明が途中でとぎれてしまうわけです。　　　　　　　　　　（『精神の生態学』p. 609）

この例は、杖という道具が人間の活動性の体系を拡張しているときの様子を生き生きと記述している。このように、行為者と、行為を媒介する手段としての道具が一体となって行為のシステムを形成しているとき、その行為者はすでに単独の独立的な行為者ではあり得ない。こうした行為者のあり方をワーチは、**媒介-手段を-用いて-行為する-（諸）個人**（individual(s)-acting-with-mediational-means）と呼んでいる（Wertsch, 1991, p. 12、邦訳p. 29）。そして、重要なことは、人間は物理的道具だけではなく、記号や言語を含む心理的道具をも用いて生活しているということである。以下の例を見てほしい。

　　6歳の子どもがおもちゃをなくして父親に援助を求めた。父親は最後におもちゃを見たのはどこかと尋ねたが、その子は「思い出せない」と答えた。父親は、自分の部屋で遊んだ？ 外では？ お隣では？ と一連の質問をした。それぞれの質問にその子は「ううん」と首を横に振った。父親が「車の中は？」と言うと、「そうだと思う」とその子は答えて、おもちゃを取りに行った。
　　　　　　　　　　　　　　　　　（Tharp and Gallimore, 1988, p. 7、筆者訳）

　この例で父親は子どもに質問を投げかけるという方法で、子どもの想起を援助している。ここでは、子どもの想起という心理的行為を、父親の質問という心理的な媒介手段が促したと見ることができる。つまり、先ほどのワーチの「媒介-手段を-用いて-行為する-個人」という見方がここでも一応当てはまるのである。ただ、ここで重要なことは、「誰がこの行為をしたか」と問われたときに、単純に「子どもである」という答えでよいのかという問題である。子どもは単独では思い出すことはできなかった。父親の発問を受けてそれに促されることによって、想起は達成されたのである。ここには、子どもと父親という二者が形成するユニティがあり、そのユニティが内部で機能して想起という一つの心理的行為を達成したと見ることができるのである。そして、父親あるいはその他の他者との同様の相互行為を重ねることで、やがて子どもが、失したものの所在を自分で思い出せるようになったときには、子どもと他者の間に広がっていた心理的機能が子どもの中に心理的に編成された、と見ることができるのである。父親と子どもの間で行われるこのような相互行為は、第5節

で論じる発達の最近接領域の具体的な一例でもある。

2-3 道具の累積的発達

茂呂は、ヴィゴツキーがスピノザの存在論を援用して思考を特徴づけていることを指摘している（茂呂, 1999, pp. 60-66）。ここでは、茂呂の指摘の中心点のみ挙げて議論する。

物理的道具の累積的な発達についてスピノザは次のように述べている。

> 人間は、最初には生得の道具を以て若干の極めて平易なものを、骨折って且つ不完全にではあったが作ることが出来た。そしてそれを作り上げて後、彼らは他の比較的むずかしいものを、比較的少ない骨折りで比較的完全に作り上げた。こうして次第に最も簡単な仕事から道具へ、更にこの道具から他の仕事と道具へと進んで、彼らはついにあんなに多くの且つあんなにむずかしいことを、わずかな骨折りで成就するようになった。
>
> （『知性改善論』p. 29）

そして、スピノザは、知的道具すなわち心理的道具についても同様の説明をしている。

> それと同様に、知性もまた生得の力を以て、自らのために知的道具を作り、これから他の知的行動を果す新しい力を得、さらにこれらの行動から新しい道具すなわち一層探求を進める能力を得、こうして次第に進んでついには英知の最高峰に達するようになるのである。　（『知性改善論』p. 29）

先の引用中の「生得の道具」と、後ろの引用中の「生得の力」は対比になっていると見ることができる。すなわち、前者は物理的な活動性の体系拡張の初期条件で、後者は心理的な活動性の体系拡張の初期条件を示している。そして、人類は、いずれの活動性の体系をも累積的に超克していくのである。

2-4 心理的道具と心理的システムの現実的様態

　かなり歴史を遡っても、人間はすでに、上に挙げたようなさまざまな心理的道具や記号とそれを枢軸とした多様な心理的システムを発達させている。そうした心理的システムを発達させた人間の意識について、ヴィゴツキーの同僚であるルリアは、ヴィゴツキーの命題として次のように述べている。

　　　人間の非常に高度な形式の意識生活を説明するためには、有機体の域を
　　越え、その意識的活動、「カテゴリー的」行動の源泉を、大脳の奥底にで
　　はなく、精神の奥底にでもなく、外的な生活諸条件、まず第一に、社会生
　　活の外的諸条件、人間の存在の社会・歴史的諸形式に求めなければならな
　　い…。
　　　　　　　　　　　　　　　　　　　　　　　　　　　（『言語と意識』p. 18）

　これは、特定の様態の高次精神機能は特定の様態の生産活動や日常生活の活動とともにあるということを言ったものであり、それは唯物弁証法の発想によるものである。

　唯物弁証法の発想では、人間をはなから「理性的存在」、「自由意志をもつ主体」というふうには考えない。むしろ、「人間は生き物であること」、「生を営んでいるということ」というような基礎事実にいったん遡って人間を規定するところから始める。そして、人間は「生産活動を営む動物である」というところを基本的な視点として、人間や社会のあり方を探究するのである。人間は、他の動物と違って、生産手段や生産方式を文化的に発明・創始し、それらを世代間で継承・発展させること、また、そのことと並行して、消費手段や消費方法も自然のものから文化的に再形成されたものへと転換し変容させていく。唯物弁証法では、こうした人間の特異なあり方に着目する。つまり、**人間という動物の生活・生存のあり方が、人間が生産的労働活動を営むことによって支えられて、自然との関わりの側面でも、人と人という個体関係の側面でも特異的に編成されていること、そして、この物質的生活の態勢に基づいて意識の活動のあり方や精神文化と呼ばれるもののあり方も歴史的に成立・発展すること、**この基礎事実に着目して人間の存在形態を見るのである。

　茂呂（1999）は、人間が作り上げたこのような環境世界を、イリエンコフの

「イデー的なもの」という概念を援用して説明しようとしている。

> イデー的なものは個人の頭のなかにはない。…イデーは外の世界に物質的に配置されている。さらに、イリエンコフは、イデーの物質的実在は人間の実践つまり対象へ向かう活動に由来することを強調する。「イデー的なものは、社会的人間が外的世界に向ける、物質的な活動の形態として存在する」(Ilyenkov, 1974/1977, p. 257) のである。…通常の人工と自然のダイコトミーを無視して、人工的で文化的な対象物が、私たちの環境世界に浸透する。そのようないわば精神化された環境世界に私たちは内在する。
>
> （茂呂, 1999, p. 83）

　最後に、人間の心理学的本性についてのヴィゴツキーのことばを引用して、本節の議論を終えることとする。

> マルクスの有名な命題を変えて私たちは、人間の心理学的本性は、社会的諸関係の総体であり、内面に移され、人格の機能とかその構造の形式となった社会的諸関係の総体であるということができよう。
>
> （『精神発達』p. 183）

3. 個体発生

3-1　自然的発達と文化的発達

　例えば、SF映画よろしく時間を自在に移動できる装置があったとして、生まれたばかりの子どもを旧石器時代に連れて行き、そこで育ててもらったら、その子どもはどう成長するだろう。きっと、旧石器時代人に成長するだろう。逆に、旧石器時代の生まれたばかりの子どもを現代に連れてきて育てると、どうであろう。その子は、われわれと変わらない現代人に育つであろう。この話は、旧石器時代の人間も現代の人間も、ホモ・サピエンスとしての遺伝子型は変わらず、成長する環境の文化型の違いによって、異なった成長の軌跡を辿

るという事実を物語っている。こうしたことが文化間の移動において起こることは、われわれは十分に承知しているが、時代間の移動でも生じると言われると、少々意表を衝かれるのではないか。しかし、理論的には文化間の移動も時代間の移動もまったく変わらないのである。子どもの成長は、遺伝子型に基づく生物学的で自然的な発達と、文化型に基づく文化的な発達が融合した統一体なのである。ヴィゴツキーの個体発生の理論は、他でもないこの事実に着目したものである。

> 　子どもの文化的発達は、何よりも第一に、有機体的タイプが力動的に変化する条件のなかで行われるということを特徴としている。それは、子どもの成長・成熟・有機体的発達の過程の上にかぶせられ、それと統一的全体を形成する。抽象という方法を通してのみ、私たちは、これら二つの過程を分離することができるのである。
> 　通常の子どもが文化に参入する過程は、子どもの有機体の成熟過程と一体化している。発達の両面――自然的発達と文化的発達――は、互いに一致し融合している。二つの変化は、互いに浸透し、本質的に子どもの人格の社会–生物学的形成という統一的全体を形成している。
>
> （『精神発達』pp. 42-43）

　人類としての文化的な発達の歴史を扱った社会文化史の場合と同様、個体発生も子どもという一個の有機体に起こる、活動性の体系の有機的限界の突破の物語なのである。そして、その中でも記号を媒介とした心理的操作の再編成が子どもを文化的人間への成長に導くのである。

3-2　文化的発達の一般的発生法則

　個体発生というテーマに関してヴィゴツキーは、記号を媒介とした高次精神機能の発達ということに主な関心を払っている。そして、ここでも高次精神機能の**社会的発生**ということに注意が向けられる。このことは、**文化的発達の一般的発生法則**として次のように定式化されている。

子どもの文化的発達におけるすべての機能は、二度、二つの局面に登場する。最初は、社会的局面であり、後に精神的局面に、すなわち、最初は、精神間カテゴリーとして人々の間に、後に精神内カテゴリーとして子どもの内部に登場する。このことは、随意的注意にも、論理的記憶にも、概念形成にも、意志の発達にも、同じように当てはまる。…言うまでもないことだが、この外から内への移行は、過程そのものを変え、その構造および機能を変化させる。あらゆる高次の機能およびそれらの関係の基礎には発生的に、社会的関係、人々の現実的関係が存在する。

（『精神発達』p. 182）

　続けて、ヴィゴツキーは、「社会的」という言葉が内包する意味について次のように論じている。

　私たちの対象に適用される「社会的」という言葉は、重要な意味をもっている。何よりも、この言葉はもっとも広い意味において、すべての文化的なものが社会的なものであることを意味する。文化は、人間の社会的生活、社会的活動の産物でもある。それゆえ、行動の文化的発達という問題の提起そのものが、私たちを直接的に発達の社会的局面へ導くのである。さらに、有機体の外に、人格より切り離された道具として存在する記号は、本質的に社会的器官あるいは社会的手段であることを指摘することができる。またさらに、すべての高次機能は、生物学的に、純粋の系統発生の歴史のなかで形成されたのではなく、高次精神機能の基礎に横たわるメカニズム自体、社会的な性格をおびているということができる。すべての高次精神機能は、社会的規律の心内化された関係であり、人格の社会的構造の基礎である。人格の成分、発生的構造、行動様式、要するに、人格のあらゆる本性は、社会的なものである。精神過程に転化してもなお、それは偽社会的なものである。人間は自分自身との差し向かいで、コミュニケーションの機能を保持する。

（『精神発達』pp. 182-183）

3-3　言語と思考

　心理的な媒介手段としてのさまざまな心理的道具あるいは記号の中でも、ヴィゴツキーが主な主題として精力的に研究したのは、言語である。ヴィゴツキーによると、言語は、思考や意識といった高次精神機能の発生に関わる重要な現象であり、また、文化的発達の一般的発生法則が当てはまる典型的な例でもある。

　子どもは具体的な活動のコンテクストの中で言語的交通の真っただ中に投入される。しかし、子どもにとっては、この活動は何なのか、この相互行為は一体何なのか、この声は一体何なのか、当初はまったくわからない。やがて、子どもは具体的で実践的な活動への度重なる参加を通して、活動や相互行為に実践的に参加できる心理的機能を備えるようになる。

> 　ことばの最初の機能はコミュニケーション・社会的結合の機能であり、大人の側からにせよ子どもの側からにせよ、まわりのものに働きかける機能である。
> (『思考と言語』p. 67)

　この部分でヴィゴツキーは子どもの**外言**の発達を論じている。続けてヴィゴツキーは言う。

> 　その後の成長の過程でのみ、多様な機能をもった子どもの社会的なことばは、いくつかの機能に分化するという原則にしたがって発達し、ある一定の年齢で、自己中心的ことばとコミュニケーションのことばとにはっきりと分化するようになる。…自己中心的ことばは、…行動の社会的形式・集団的協同の形式が子どもによって個人的精神機能の領域へ運び移されるという社会的過程を基盤にして発生するのである。
> (『思考と言語』pp. 67-68)

　引用の後半部は、自己中心的ことばの発生が、「記号は、常に最初は社会的結合の手段であり、他人へのはたらきかけの手段であって、その後でのみ自分自身へのはたらきかけの手段となる」(『精神発達』p. 177)という文化的発達の

一般的発生法則に従ったものであることを物語っている。

　ヴィゴツキーによると、**自己中心的ことば**は、「外言から内言へ、社会的こ
とばから個人的ことば（そのなかには、自閉的な言語的思考も含まれる）の過渡
的形式」（『思考と言語』p. 69）である。そして、その自己中心的ことばを基礎
として、「その後に、時には自閉的であり、時には論理的でもあるかれの思考
の基礎としての内言が発生する」（『思考と言語』p. 68）のである。つまり思考
の基礎としての**内言**は、コミュニケーションあるいは社会的結合の機能を担っ
た社会的局面にあることば（**外言**）が、半ば子どもに浸透しなお半ば社会的な
形態を残した自己中心的ことばとして過渡的な姿を現し、それがさらに成熟
して「人間自身の支配に向けられた内面的活動の手段」（『精神発達』p. 115）と
なったものなのである。

4. 生活的概念から科学的概念へ

4-1　科学的概念の発生

　個体発生の次の段階は、学校教育を通した、生活的概念を土台とした科学的
概念の発達である。ヴィゴツキーは、科学的概念発達の議論を、「自覚すべき
もの」としての前概念の発達という議論から始める。

　　　自覚するためには、自覚されるべきものを持たねばならない。制御す
　　るためには、われわれの意志の支配下におかれるべきものを所有しなけれ
　　ばならない。…何かを自覚し、制御するためには、その前にそれを所有
　　していることが必要である…。ところが概念――より正確に言うなら、前
　　概念、（われわれはこの非自覚的な、その発達において最高の段階にまだ到
　　達していない生徒の概念をこのようにより正確によぶ方をとりたい）――は、学齢
　　期においてはじめて発生し、その期間中に成熟していくのである。それま
　　では子どもは一般的表象、あるいは他の場所でわれわれがこの就学前期に
　　支配的な一般化の比較的初期の構造をさして呼んだ　複　合　のなかで思考
　　する。
　　　　　　　　　　　　　　　　　　　　　　　　　　（『思考と言語』p. 263）

前概念から言語的内省への移行を、ヴィゴツキーは、乳児から幼児への移行期に起こる無言語的知覚から言語的・対象的知覚への移行と重ね合わせて以下のように議論している。

　　周知のように、この期間（乳児から幼児への移行期——筆者注）における外部知覚のもっとも重要な変化は、子どもが無言語的知覚、つまり意味づけなしの知覚から、意味を理解した、言語的・対象的知覚へと移行することにある。学齢期の入口における内省についても同じことが言える。子どもは、ここでは無言語的内省から言語的内省へ移行する。自分自身の精神過程の内部的・意味的知覚が子どもに発達する。　　（『思考と言語』p. 265）

　そして、そうした「内部知覚の新しいタイプへの移行」は「内部的精神活動の高次のタイプへの移行をも意味する」と議論を展開している。

　　言語的内省への移行は、内部的精神活動の形式の一般化がはじまるということにほかならない。内部知覚の新しいタイプへの移行は、内部的精神活動の高次のタイプへの移行をも意味する。なぜなら、物をちがったふうに知覚するということは、同時にそれにたいするちがったはたらきかけの可能性を獲得するということを意味するからである。

　　　　　　　　　　　　　　　　　　　　　　（『思考と言語』p. 266）

　科学的概念が形成される過程をヴィゴツキーは次のように描いている。

　　活動そのものの過程を一般化することによって、私はそれに対しちがった関係をもつ可能性を獲得する。乱暴な言い方をすれば、それ（意識の活動の過程を一般化したもの——筆者注）が意識活動全体のなかから抽出されるというようなことが起こるのである。私は、私が、思い出していることを意識する。すなわち、私は、自分自身の想起（活動）を意識の対象とする。そこに抽出が起こる。すべての一般化は、一定の仕方で、対象を選び出す。それゆえ、一般化として理解される自覚は、直接に制御をもたらす

のである。 （『思考と言語』p. 266）

　科学的概念は、「内部にヒエラルキー的な概念相互の体系をもつ諸概念に
よって媒介される」（『思考と言語』p. 266）。そのような科学的概念は、「概念の
自覚、すなわちそれらの一般化ならびに制御が最初に発生する」領域（『思考
と言語』p. 266）なのである。そして、その過程において「決定的役割をはたす
ものは、教授である」（『思考と言語』p. 266）とヴィゴツキーは主張する[3]。

4-2　生活的概念と科学的概念

　先に論じたように、科学的概念は内部にヒエラルキー的な概念相互の体系を
もつ諸概念によって媒介される。

> 　概念は体系のなかでのみ自覚性と随意性を獲得することができるという
> ことである。…自覚性と体系性は、概念（科学的概念──筆者注）に関して
> はまったくの同義語である。　　　　　　　　（『思考と言語』pp. 267-268）

　これに対して、自然発生的概念は、「必然的に非自覚的なものでなければな
らないということはおのずと明らかである。なぜなら、そこに含まれる注意は
常に、そのなかで表象される対象に向けられ、その対象を把握する思考活動そ
のものには向けられないからである」（『思考と言語』pp. 266-267）。ここに言う
自然発生的概念は前節で言及した前概念にあたるものであり、また、ヴィゴツ
キーが別のところで論じている生活的概念（『思考と言語』p. 307）あるいは経
験的概念（『思考と言語』p. 269）ともおおむね対応するものと考えるのが適当
であろう。自然発生的概念と科学的概念との第一の最も決定的な相違は、「そ
れら（自然発生的概念──筆者注）が体系の外に存在するということにある」（『思

　3「教授」の部分はロシア語では"obuchenie"となる。ここでは「教授」と訳されている
　が、"obuchenie"は実際は、教えることと学ぶことの両者を含んだ統合された教育的相
　互行為を意味する。「教授」と訳しては、教えることの側面が前面に出すぎてしまう。原
　語の意味を反映するより正確な訳は「教授‐学習」となるだろうが、これでは回りくど
　い。いずれにせよ、"obuchenie"はまさにヴィゴツキーがここで意味したいことにぴった
　り当てはまる用語である。

第2章　ヴィゴツキーの精神への社会文化的アプローチ　　51

考と言語』p. 267）という点である。

　　科学的概念は、もしそれが経験的概念のように対象をその外面的姿にお
　いて反映するだけのものだったら、余分なものである。それゆえ、科学的
　概念は、概念においてのみ可能な対象に対するある関係を必然的に前提と
　する。ところで、科学的概念に含まれる対象に対するこの関係は、また上
　述のように概念相互の関係、すなわち、概念体系の存在を必然的に前提と
　する。この観点からすると、すべての概念は、それぞれに固有の一般性の
　程度を決定するその概念の一般性の関係の全体系といっしょに把握されな
　ければならない。　　　　　　　　　　　　　（『思考と言語』pp. 269-270）

4-3　科学的概念、学校、そして発達の最近接領域

　生活的な概念の使用と科学的概念の発達に関して茂呂はひじょうに興味深い
視点を提示している。すなわち、「ヴィゴツキーは、学校という歴史的に固有
の状況における、特殊な実践のもとで獲得される概念を取り上げている。これ
が科学的すなわち学校的な概念である。**科学あるいは学校は特殊な様態の活動
と結びつく**」（茂呂, 1999, p. 39）。さらに茂呂は続ける。

　　学校は、科学的概念の使用の「発達の最近接領域」である。それは子ど
　もが「自主的に解答する問題によって決定される現下の発達水準と、子ど
　もが非自主的に共同の中で問題を解くばあいに到達する水準との相違」
　である。大人と共同する学校という状況のなかで、大人の助けを借りなが
　ら、自覚的で、体系的な、日常とは違った概念使用が発達する。これが、
　課題の難易の差の正体である。科学的概念には神秘は少しもない。それ
　は、体系的言語化をことさら指向する点において日常生活の概念使用とは
　異なるという意味で、特殊な実践であるにすぎない。学校は、概念を発達
　させつつある子どもに対して、二つの異質な実践が出会う特殊な時空を提
　供するのである。　　　　　　　　　　　　　　　　　（茂呂, 1999, p. 40）

　茂呂のこの指摘には、授業におけるインターアクション研究を方向づける重

要な示唆が含まれている[4]。

5. 発達の最近接領域

5-1 発達の最近接領域とは何か

発達の最近接領域（the zone of proximal development、略してZPD）について
ヴィゴツキーはその著書のいくつかの部分で言及している。例を挙げてみよう[5]。

> それ（発達の最近接領域——筆者注）は、独力での問題解決という形で規
> 定される現在の発達水準と、大人の指導下、もしくはより能力の高い仲間
> と協同で行う問題解決によって規定される潜在的な発達水準との間隔であ
> る。　　　　　　　　　　　　　　　　　　（*Mind in Society*, p. 86、筆者訳）

> 自主的に解答する問題によって決定される現下の発達水準と、子どもが
> 非自主的に共同のなかで問題を解く場合に到達する水準とのあいだの相違
> が、子どもの発達の最近接領域を決定する。　　　（『思考と言語』p. 298）

> 大人の指導や援助のもとで可能な問題解決の水準と、自主的活動におい
> て可能な問題解決の水準とのあいだのくいちがいが、子どもの発達の最近
> 接領域を規定します。　　　　　　　　　　　　（『発達の最近接領域』p. 18）

一方、発達の最近接領域はしばしば**模倣**と関連づけて論じられている。

> 子どもにおける模倣の本質的な特色は、子どもが自分自身の可能性の限

4　ヴィゴツキーの思考と言語の発達の経緯についての議論の要約は西口（2013）の第4章
　のpp. 59-70にある。
5　中村（2004）は、ロシア語の原語の修飾関係から言うと、"the zone of proximal development"
　の訳は「最近接発達の領域」のほうが適当であると言う。本章では引用中の用語を尊重
　して「発達の最近接領域」としているが、本章以外ではむしろ「最近接発達の領域」を
　用いている。

界をはるかにこえた──しかしそれは無限に大きいとは言えませんが──一連の行為を模倣しうる点にあります。子どもは、集団活動における模倣によって、大人の指導のもとであるなら、理解をもって自主的にすることのできることよりもはるかに多くのことをすることができます。

（『発達の最近接領域』p. 18）

　別の部分では、模倣を「あらゆる人間に固有の意識の諸性質の発生の源泉」（『思考と言語』p. 301）と位置づけ、「学習心理学全体にとっての中心的なモメントは、共同のなかで知的能力の高度の水準に高まる可能性、子どもができることからできないことへ模倣を通じて移行する可能性である」（『思考と言語』p. 301）と論じている。ここで言われている模倣は、言語や行為の単なるまねではなく、状況的学習論でしばしば言われる能力に先行する行為（performance before competence、Cazden, 1997, p. 307）の意味での一定の理解を伴った模倣であると解さなくてはならない。そして、このような模倣の概念は次節で論じる「経験」の概念につながるものである。

　発達あるいは発生という観点から言うと、発達の最近接領域によってヴィゴツキーが表現したことの根本は、茂呂の言う「学習者とインストラクターの間の原初的なアシンメトリー」（茂呂, 1999, p. 153）ということであろう。発達の最近接領域の事例として、大人と子どもによる協同的な想起（Tharp and Gallimore, 1988）、ごっこ遊び（*Mind in Society*, pp. 92-104）、生活的概念と科学的概念の橋渡しをする学校などの例が挙げられるが、それらの例に共通して観察される現象の形態は子どもと大人、あるいは学習者とインストラクターの間に構成された、差異を内包した親密な関係である。このような関係を茂呂は「原初的なアシンメトリー」と呼んでいるのである。しかし、同じく茂呂が言うように、ヴィゴツキーの発達の最近接領域の概念は概略的に見える（茂呂, 1999, p. 153）。

5-2　経験

　茂呂が指摘するように、発生分析の単位として、ヴィゴツキーは晩年のエッセイにおいて「経験」という概念を提案している（茂呂, 1999, pp. 48-49）。「経

験」とは、発達の過程の中で現出する子どもと状況のユニティである。つまり、発達において、子ども自身の一連の経験という形で、環境の要因と子どもの個人的要因の統合が達成されるのである。ヴィゴツキーは言う。

　　　子どもは社会的状況の一部であり、子どもの環境に対する態度、環境の子どもに対する関係は、子ども自身の経験と活動を通して与えられるのです。　　　　　　　　　　　　　　　　　　　　　　　（『児童心理学』p. 163）

　　　内的な発達は常に、人格的モメントと環境的モメントとの統一体があるところに実現すると私は考えます。　　　　　　　　　（『児童心理学』p. 165）

　「経験」という概念を使った議論の中でヴィゴツキーは、「欲求と意欲の構築、価値の再評価は、ある年齢から次の年齢に移行するさいの主要なモメントです。このとき環境も変化します。すなわち、環境に対する子どもの態度も変化します」と述べている（『児童心理学』p. 166）。そうなると、ヴィゴツキーの「経験」の概念による分析とレイブとウェンガー（Lave and Wenger, 1991）の正統的周辺参加論との間には、主体と環境との相互作用を通した人格の総体的な発達への注目という部分で強い親近性が見て取れる。

6. 結　び

　ヴィゴツキーの精神への社会文化的アプローチについて、できる限りヴィゴツキーの原典（残念ながら日本語にせよ英語にせよ翻訳にとどまるが）を辿りながら、筆者なりの解読を試みた。ロシア語の原典を見ていないため、あるいは筆者自身の勉強不足などの理由で、誤解や強引な解釈があるかもしれない。しかしながら、これまで混乱させられながらも取り組んできたヴィゴツキーの理論に関する、筆者の当面の理解は提示できたと思う。筆者の理解の足りないところについては、読者諸氏のご批判を仰ぎたいと思う。
　筆者自身も含めて、客観主義的なものの見方や科学の方法に慣れた者には、

ヴィゴツキーの理論も社会文化的アプローチもともに難解であるとは思う。しかし、見方を変えれば、客観主義的な見方や科学のアプローチが世の中に普及し、われわれがそれをあたかも「自然のもの」として内化して自らの思考を形成してしまっているからこそ、そうでないものは「難解」で「理解しがたいもの」となるのかもしれない。筆者自身はヴィゴツキーの理論や社会文化的アプローチは、第二言語の学習と教育及びその研究において、今後一層重要な位置を占めるであろうと考えている。それは、われわれが興味・関心の対象としている現象をまったく新しい目で見、それに関する理解や解釈を確実に豊富化してくれる重要な社会文化的なリソースなのである[6]。筆者自身と興味・関心を同じくする多くの仲間がこのようなリソースに関心をもってくれることを期待しつつ、本章を終えたい。

文献案内

□ 基本文献

ヴィゴツキー（2001）『思考と言語 新装版』

　ヴィゴツキーの主著です。ただし、400ページを超える大著なので、言語教育的な関心からは、序文（pp. 8-11）と第1章「研究問題と方法」（pp. 12-27）及び、第6章「子どもにおける科学的概念の発達の研究」（pp. 225-353）と第7章「思想と言葉」（pp. 354-434）を読むのがいいと思います。実は、この本は一定の流れはありますが、ヴィゴツキーがそれまでに書いた論文の集成となっています。第7章のみ、この本のために書かれています。ですから、どの章も割合独立的に読むことができます。

　重要な部分を先にということであれば、第1章を読んでから、第7章に行くのがいいです。第5章（pp. 147-224）もおもしろいのですが、上に挙げた章を読んでさらに興味が湧いたら読むということでよいと思います。最後に付されている訳者柴田による「ヴィゴツキーの心理学説について」（pp. 440-460）は短

　6　ヴィゴツキーの発達理論からの第二言語の習得と教育への示唆については、西口（2015）のpp. 142-147で論じている。

いものながら、ヴィゴツキー心理学が登場した文脈とその心理学説の概要がすばらしくわかりやすく解説されています。

□ 概　説

1．状況的学習論を知る

・西口（2001b）「状況的学習論の視点」

・レイブとウェンガー（1993）『状況に埋め込まれた学習――正統的周辺参加』
　※Lave and Wenger（1991）の邦訳

　西口（2001b）は、日本語教育学、第二言語教育学の立場から状況的学習論を解説しています。レイブとウェンガー（1993）は状況論の「バイブル」です。セミナーでの講演を基にして書かれたものなので、わかりやすいです。

2．心への社会文化的アプローチを知る

・ワーチ（1995）『心の声――媒介された行為への社会文化的アプローチ』　※Wertsch（1991）の邦訳

　心への社会文化的アプローチが普及するきっかけとなった本です。ヴィゴツキーを基本とし、バフチンも援用した形で、社会文化的アプローチについて包括的に論じています。

3．ヴィゴツキーを理解する

・中村（2004）『ヴィゴーツキー心理学　完全読本――「最近接発達の領域」と「内言」の概念を読み解く』

・茂呂（1999）『具体性のヴィゴツキー』

　中村（2004）は100ページ弱のコンパクトな本ですが、ことばを軸として言語と思考と人格が発達していく経緯を簡潔にわかりやすく論じています。最近接発達の領域や科学的概念の発達のことなどもとてもよくわかります。茂呂（1999）は、ヴィゴツキーをより深く理解するためのひじょうに優れた導きとなります。

□ さらに深めるために

1．ヴィゴツキー（2005）『文化的-歴史的精神発達の理論』

　『思考と言語』の次にヴィゴツキーの本を読むとなると、やはりこの本で

す。ヴィゴツキーの理論と思想の深みと広がりを味わうことができます。

2. Vygotsky (1930-35/1978) *Mind in Society: The Development of Higher Psychological Processes*

　ヴィゴツキーの主著の一つですが、邦訳はありません。言語教育の関心から特に興味深いのは、第7章の "The role of play in development" です。一般に、ヴィゴツキーの「ごっこ遊び論」と言われているものです。この「ごっこ遊び論」は実はヴィゴツキーを理解するための重要なカギになっています。

第3章

異言語話者の接触場面における言語的活動は
言語的相互行為か

イントロダクション

　教室の中であれ、教室の外の実際の場面であれ、第二言語の習得途上にある異言語話者あるいは第二言語話者が目標言語話者と交わる接触場面は、異言語話者が目標言語を上達させる潜在力があるだろうと予想されます。そのような予想から他の研究者と同じように筆者は、接触場面の一種であるチュートリアル・セッションにおける言語的活動の様態を研究してきました（西口, 2001a; 2005a; 2005b）。チュートリアル・セッションとは、新しい言語の習得途上にある第二言語話者と第二言語話者との言語的接触に親しんでいる当該言語の話者との間で行われる対話のセッションです。

　本章では、チュートリアル・セッションの観察を基礎として、人が言語的相互行為に首尾よく従事できているというのはどのような状況で、その場合のことばとはどういうものか、そしてチュートリアル・セッションのインフォーマント（協力者）の困難は何であるか、などをロメットヴェイト（Rommetveit, R., 1924-2017）の人間のコミュニケーションへの多元的で社会的-認知的アプローチに基づいて考究します。

はじめに

　異言語話者の接触場面においてコミュニケーションが成立するとはどのような

ことか。またそれに関連して、同じ言語を共有する者同士が言語的活動、つまり言語の行使を伴う活動を行う場合にコミュニケーションが成立するとはどのようなことか。さらには、後者の場合において、そこで使われていることばとは何ものなのであろうか。また、前者においては、そこで使われていることばとは一体何ものなのであろうか。このような問題を深く追究しない限り、われわれは接触場面における言語的活動の様態にクリティカルに迫っていくことができないように思われる[1]。

　筆者はこれまで、第二言語発達のための潜在力のあるリソースとして、チュートリアル・セッションにおける言語的活動の様態を研究してきた。そして、成功裏に行われたチュートリアル・セッションの記述については一定の成果を挙げた（西口, 2001a）。しかしながら、その考究は、上記のような問題への追究不足のために、表層的な水準にとどまっているように思われる。本章では、ロメットヴェイト（Rommetveit, 1985）と対話しながら、上記のような問題について考察する[2]。

1. チュートリアル・セッションから考えたこと

1-1　チュートリアル・セッション

　チュートリアル・セッションとは、日本語習得の途上にある第二言語話者と

1　本章では、議論の便宜のために、当面、言語的相互行為という用語を、同じ言語を共有する二者間で行われる通常の言語的活動に限定して使用する。異言語話者間で行われるもの、及び二者間で行われる言語を伴って行われる活動の総称としては、言語的活動という用語を用いる。また、言語に関する用語としては、『思考と言語』（ヴィゴツキー, 2001）での用語におおむね準じた形で、「スピーチ」、「ことば」、「言葉」、「言語」を区別して用いた。「スピーチ」と「ことば」は、ほぼ同じく、話された（what is said/uttered）を指し、実際の言語的活動で発せられた言語の分析的過程を経ていない様態を指す。「言葉」はおおむね「単語」に相当する意味で用いた。そして、言語に関する事象を総称的に指す場合、及び「日本語」、「英語」、「ロシア語」のように個別の言語を指す場合には、「言語」を用いた。

2　ロメットヴェイトの人間のコミュニケーションについての探究は、Rommetveit（1974）に始まり、本章で採り上げたRommetveit（1985）を経て、Rommetveit（1992）で一定の到達点に達する。同論文では、人間の認知とコミュニケーションへの対話基盤の社会的-認知的アプローチ（dialogically based social-cognitive approach to human cognition and communication）のエッセンスが24の命題の形で提示されている。

第二言語話者との言語的接触に親しんでいる日本語母語話者との間で行われる対話のセッションである。それは、日本語学習者の日本語発達に資するという教育的動機と、異言語話者接触における言語的活動の様態を明らかにするという研究的動機の下に行われる疑似自然的な異言語話者接触場面である。本研究で論じられるチュートリアル・セッションでは、チュートリアル・セッションの一つのバラエティーとして、第二言語話者と母語話者が同じように話すのではなく、主として第二言語話者が話し、母語話者はもっぱら聴くというふうに指示された。また、第二言語話者には、自分が話したいと思う話題について自由に話すように、そして事前に準備をして話しても、即興的に話しても、いずれでもよい、と指示された。一方、母語話者には、話す意欲という心理的な面への配慮も含めて第二言語話者が気持ちよく話し続けられるように言語的活動を維持すること、話の流れを中断することがないように配慮しながら、いわゆる非明示的ネガティブ・フィードバック等を適宜挿入すること、の2点が指示された。調査者による両者の紹介及び各種の指示は両者の面前で行われた。その結果、チュートリアル・セッションでお互いがどのように振る舞うかは、おおむね共有されるところとなった。話す時間は通常15分程度である。本研究で観察されたチュートリアル・セッションに参加した第二言語話者は基礎的な日本語学習を終えた程度の日本語学習者であり、一般的に言ってかれらの日本語力は、ごく日常的な話題に関しても自分の言いたいことを支障なく話すのに十分な水準には達していない。

　このようなチュートリアル・セッションが実験的に10セッション行われ、ビデオ録画された。そして、トランスクリプションが作成され、分析に付されている。この他にそれ以前に収集されたチュートリアル・セッションのデータ（音声テープ）が、すでに書き起こされた形で筆者の手許にある。さらに、筆者自身が実施したチュートリアル・セッションを録音したテープが多数あり、観察の対象とされている。

1-2　インフォーマント
　本章では、便宜上、チュートリアル・セッションにおける第二言語話者と母語話者をそれぞれ、仮にインフォーマント、及びチューターと呼ぶことにす

る。

　チュートリアル・セッションに参加したインフォーマントはいずれも大学教育あるいはそれ以上の教育を受けている教養ある成人である。ゆえに、母語あるいは学校教育で使用された言語などを使えば、自由自在に教養ある話ができることは疑いない。かれらはロメットヴェイトの言う「さまざまな『可能世界』の住人」である。

　　　さらに、われわれは、いかなる人も、ものやことや事態についてどんな
　　見方でも採れる能力をもっている、すなわち、いかなる人もそういった意
　　味でさまざまな「可能世界」の住人である、と仮定する。そして、ある事
　　態に注目しているある人が、所与のものやことや状況のどのような潜在的
　　な側面を生成するかは、そのときのその人の見方とさまざまな経験の選択
　　肢の中でその時に卓立して現れてきたものという個人的な領域によって決
　　まってくる。　　　　　　　　（Rommetveit, 1985, p. 186、筆者訳、以下同様）
　　　We assume, moreover, that every single person has the capacity to adopt a
　　whole range of perspectives on objects, events, and states of affairs and is in
　　that sense *an inhabitant of many "possible worlds."* Which potential aspect(s)
　　of a given object, event, or situation will be generated by any particular
　　person attending to that state of affairs, moreover, is contingent upon his or
　　her perspective and "private" domain of salient experiential alternatives at
　　that moment.

　しかし、成人の場合は二者間の言語的活動において、でたらめにいろいろなことを思いついて話すのではなく、目の前の会話の相手の立場からでこそ即座にわかるようなことを話す。

　　　成人が思いつく可能なものの見方のレパートリーには、経験的な可能性
　　として、その人の会話パートナーの立場からでこそ即座に見える側面が含
　　まれている…　　　　　　　　　　　　　　　　　　　　（前掲書 p. 189）
　　　An adult person's repertory of possible perspectives entails as experiential

possibilities aspects that are immediately visible only from the position of
her or his conversation partner, ...

　そして、「多元的な社会的世界におけるコミュニケーション能力の欠くこと
のできない重要な要素は、『(話し相手となる、自分とは異なる)他者』の態度を
採り入れることができる能力である」(An essential component of communicative
competence in a pluralistic social world is the capacity to adopt the attitude of "different
others.")とロメットヴェイトは言う(前掲書p. 189)。今回のインフォーマント
が個別言語を超えたところでそのような能力をもっていることは十分に推察さ
れよう。そして、チュートリアル・セッションにおけるチューターも、また観
察者も、インフォーマントがそのような能力をもっていることを暗黙のうちに
了解しており、かつ、チュートリアル・セッションにおいてインフォーマント
はそのような能力を発揮して話しているものと暗黙のうちに当然のこととして
想定している。つまり、インフォーマントは現下の対話相手にわかる一貫性の
ある「まともな」話をするはずの人なのである。

1-3　インフォーマントのスピーチ

　通常の二者間の言語的活動において、話し手がこのような原理と能力に基づ
いて話していることを聞き手は当然のこととして暗黙裏に了解している。そし
て、そのような前提の下に、ロメットヴェイトはUhlenbeckの「通常のスピー
チの『意味をなす』原理」(basic "make sense" principle of ordinary speech)を引き
合いに出して、それを作動させながら対話者たちは相手の話を聞くと説明す
る。「通常のスピーチの『意味をなす』原理」(Uhlenbeck, 1978, p. 190、筆者訳)
とは以下のようなことである。

　　この原理によると、話し手が言っていることは何某か意味をなしている
　という見解を、聞き手は常に採る。話し手が本当に伝えようとしているこ
　とを、利用できる限りの言語的あるいは言語外的証拠を基に、聞き手が推
　測しようとするのは、このような確信があるからである。

(Rommetveit, 1985, p. 189)

It says that the hearer always takes the view that what the speaker is saying somehow makes sense. It is this certitude which makes him try to infer—on the basis of the lingual and extralingual evidence available to him—what the speaker is actually conveying to him.

　同じ言語を共有する者同士の言語的活動においては、スピーチは通常、実際の言語的相互行為を構成するために過不足のないものとなる。巧みで流暢な話し方という規準からすれば「過不足がある」場合でも、「この人とわたしとの間の言語活動で今目の前で起こっているスピーチの現実はまぎれもなくこれである」という意味では、聞き手の目の前で起こっているスピーチは常に過不足のないものなのである。あるいは、別の面から言うと、話し手がどのような話し方をしようとも、そのスピーチがまぎれもなくその話し手のその局面における話し方であると見なされるのである。そして、同じ言語を共有する者同士の言語的活動においては、スピーチは、話し手が伝えようとしていることを推測するための主要な証拠として自動的かつ瞬時に処理されて、意味のある言語的相互行為が構成されるのである。

　チュートリアル・セッションにおけるインフォーマントのスピーチはしばしば滞留したり停滞したりし、また、断片的なものになったり秩序立っていないものになったりする。インフォーマントのスピーチは、コミュニケーションを成立させて言語的相互行為を構成することができないこともしばしばある。しかし、そのような場合に、インフォーマントは、何らかの個人属性的な理由（例えば、言語発達遅滞や吃音や極度の話し下手など）で、あるいは心理的な理由（例えば、極度の緊張状態や注意散漫など）で、そのような話し方になったとは見なされない。つまり、インフォーマントのスピーチに通常でないところを感じた場合に、聞き手はその通常でなさをインフォーマントの個人的な属性や心理的な状態に帰して言語的相互行為の現実を構成するということはしないのである。それよりもむしろ、聞き手と話し手が共有する社会的現実として、話し手（インフォーマント）の個人的な属性や心理的な状態は通常であって、**今耳にしたスピーチだけに問題がある**と見なして、言語的活動を運営するのである。具体的には、聞き手は、話し手（インフォーマント）のスピーチを話し手が伝え

ようとしていることを推測するための主要な証拠として利用するが、その一方で、文脈を含む言語外的手がかりを動員して話し手が伝えようとしていることを推測する。そして、それと同時にそれらの言語的及び非言語的手がかりから**その人が「普通の」話し手であればこのように話したであろうと思われるスピーチを復元**しようとする。聞き手は、このようなことを同時に行いながら言語的活動を運営するのである[3]。他方、話し手の方も、一つのターンのスピーチで聞き手の了解と応答を得ることができなかった場合は、最終的に回避するという場合を除いて、所期のムーブを何らかの形で達成しようとして、自らが伝えようとしていることを推測するための言語的証拠をさらに提示し、言語的活動の運営を促進しようとするのである。そして、このような両者の志向性が交叉するところで、その後の協働的な言語的活動も展開されるのである。

1-4　インフォーマントの状況

　チューターが自分と同じく教養ある成人であることを知っているインフォーマントには、自然には、教養ある成人同士として話をしようという動因が働く。しかしながら、そのような自然な動因に基づく十全な言語的活動のもくろみは、現在まだ習得途上にある第二言語を使用するようにという指定と、その第二言語ゆえのことばの制約によって決定的に阻まれる。それで、インフォーマントはやむなく、知っている限りの日本語を動員して、話す内容についても、また話し方についても、可能な範囲で最大限に言語的活動を行おうとする。そのような結果がチュートリアル・セッションにおけるインフォーマントとチューターの間で行われる言語的活動の様態なのである。

　このような状況なので、第二言語の能力がひじょうに限定されているインフォーマントの場合、チュートリアル・セッションにおける言語的活動は全般的に見て、教養ある成人であるインフォーマントにとってはひじょうに不本意なものにならざるを得ない。そして、インフォーマントが不本意だと思っていることを、チューターのほうも十分に承知しているのである。そして、インフォーマントの不本意さを社会的現実としてインフォーマントとチューター

3　それが潜在的な形でも行われていると考えなければ、第二言語話者の不完全なスピーチでしばしばやり取りが滞りなく展開されているという事実の説明ができない。

の間で共有していることが、チューターがインフォーマントの「話すこと」
（speakingあるいはsaying）に介入することを正当なこととする背景となってい
る。

2. 言語的相互行為と言葉

2-1　人間のコミュニケーションへの多元的な社会的−認知的アプローチ

　同じ言語を共有する二者間の相互行為においてコミュニケーションはいかに
成立するのであろうか。一般的なコミュニケーションのモデルでは、話し手が
何かを言って、聞き手は、話し手が言ったスピーチを解析することにより「文
字通りの意味」（literal meaning）を知り、それによって話し手の言いたいこと
（意味内容）や、（言語内的コンテクストや言語外的コンテクストの情報を加味して）
話し手の発話意図を知る、というふうにコミュニケーションの過程を見る。ロ
メットヴェイトは、言語表現の「文字通りの意味」は不変であるという条件設
定に基づくこのような一元論的パラダイムは、言語と思考への明快な構築主義
的アプローチに取って代わられなければならないと主張する。

　ロメットヴェイトの人間のコミュニケーションへの多元的な社会的−認知的ア
プローチ（consistently pluralistic social-cognitive approach to human communication）
では、「言われたことによって意味されていること」の問題（the problem of
what is being meant by what is said）は、曖昧性のない文字通りの意味（unequivocal
"literal" meanings of expressions）の観点からはもはや追究されなくなる。多元的
アプローチで基本的な問題として追究することは、むしろ、異なる個人的世界
が出会う中で、間主観性の状態（state of intersubjectivity）と共有された社会的
現実の状態（state of shared social reality）がどのように達成されるかという問題
となる、とロメットヴェイトは言う。

　ロメットヴェイトは、話し手と聞き手の間で、ある事態Sについて間主観性
の状態と共有された社会的現実の状態が達成されることを次のように定義して
いる。

ある事態Sについての間主観性の状態は、二者間の相互行為の所与の段階で、Sのある側面Aiが一方の参与者によって焦点化され、そして両者によってともに注目されるときに、またそのときにのみ、達成される。

（前掲書p. 187）

A state of intersubjectivity with respect to some state of affairs S is attained at a given stage of dyadic interaction if and only if some aspects of Ai of S at that stage is brought into focus by one participant and jointly attended to by both of them.

　所与の事態Sのある側面Aiは、二者間の相互行為の所与の段階で、その段階の参与者両者がSはAiであると了解し、そして両者ともに相手もそうした認識をもっていると仮定するときに、またそのときにのみ、完全に共有された社会的現実を構成する。

（前掲書p. 187）

Some aspect of Ai of a given state of affairs S constitutes at a given stage of dyadic interaction a perfectly shared social reality if and only if both participants at that stage take it for granted that S is Ai and each of them assumes the other to hold that belief.

　ここに言う間主観性の状態というのは、二者間の相互行為のある時点において参与者の一方が焦点化した事態の側面に、話し手と聞き手の両者がともに注目している状態のことを言う。そして、共有された社会的現実の状態というのは、そのような間主観性の状態を母体として、「（それは）こうだ」と両者がともに了解し、かつ両者が相互に相手もそのように思っていると考えている状態のことを言う。そして、このような作業をするための最も優れた道具が通常の言語であるというのがロメットヴェイトの主張である。

2-2　間主観性の状態と話し手と聞き手

　わたしたちはなぜこのような間主観性の状態を達成できるのだろうか。ロメットヴェイトは、言語コミュニケーションにおいて間主観性が達成されるためには、それが達成されるのはある意味で当然のことだとされなければならな

い、と言う。この逆説のような命題は、人間のディスコースの基本的で実際的な公理であると見ることができるであろう、とロメットヴェイトは主張する。先に論じた「通常のスピーチの『意味をなす』原理」は、いわばこの公理から派生するものであるし、通常のディスコースにおいて話し手と聞き手が同じ話された現実に身を委ねることもこのような公理が妥当なものであることの証左となろう。

> 参与者が相互に同じ語られた現実に身を委ねることができるのは、結局、通常のディスコースにおいてコミュニケーションの相手には「わたしたちみんなが共有している間主観的な世界」があるという素朴な確信をもっているからである。 （前掲書 p. 189）
>
> A mutual commitment to the same talked-about reality, moreover, is in ordinary discourse endowed with naive confidence in "an intersubjective world, common to all of us" (Schuts, 1945, p. 534) on the part of communication partners.

また、二者間の相互行為において、相互にそのようなコミット[4]をしているという事実は、参与者が相互的に役割を担っていることを含意している。社会的な「生活形式」の一つ（a social "form of life"）として通常の言語は、その重要な動的特性として「特異な循環性」をもっている、とロメットヴェイトは指摘する。

> …特異な循環性をもっている。すなわち、話し手になった者は、（当該の話題に関する——筆者注）聞き手の眺望と背景知識がどのようなものであるかを仮定し、その仮定と照らし合わせながら自分が言っていることをモニターする。その一方で、聞き手になった者は、話し手の見方はきっとこのようなものであろうと考えて、それを採用して、耳にしたことを了解す

---

4 "commit(ment)" は「身をまかすこと」、「身を投じて何かをすること」というような意味であるが、本書ではそのまま「コミットする」や「コミットメント」などの用語を用いている。

る、ということである。 （前掲書p. 189）

　　　…a peculiar circularity: The speaker monitors what he is saying in accordance with what he assumes to be the listener's outlook and background information, whereas the latter makes sense of what he is hearing by adopting what he believes to be the speaker's perspective.

　それでは、会話の特定の段階で何が意味されているのであろうか、また、話されている事態のどの潜在的側面が両者に注目されるのであろうか。（同じ言語を共有する）二者間の相互行為において両者が同じ語られた現実にコミットすること、及びそこには特異な循環性があるということは、会話の参与者の両者は、言ったことによって言及されていることあるいは意味されていること（what is being referred to and/or"meant"by what is said）について、同じくらいに責任をもつ、あるいは共同責任をもつことを既定のこととしている。しかし、会話の特定の契機で事態のどのような側面に両者が注目すべきかを決定する特権をもっているのは、話し手、つまり会話の特定の時点で話すことにより話されることを持ち出した参与者である。そしてこのことは、話し手が自分のことを理解してもらうのに失敗した場合でも当てはまる。聞き手ではなく、話し手だけが、言っていることによって何を知ってもらおうとしたか（what she herself intends to make known by what she is saying）について最終的な決定を下せる立場にある。通常の言語コミュニケーションにおける理解（そして、誤解も）は、定義的に言って、二者間で起こることでありながら、方向のあるものである。そして、誤解や無理解などの悪循環は、二者間のコミュニケーションのコントロールのパターンで示される相互的で直感的な「確かにそう言った」という裏書き（endorsement）によって回避されているのである（前掲書p. 190）。

　間主観性の状態というのは、このような話し手の特権と、聞き手のコミットメントという基本的な二者的構図に依存している、とロメットヴェイトは結論的に述べている。

　　間主観性の状態は、実際のところ、話し手の特権と聞き手のコミットメ

ントという基本的な二者的構図に付随することである。つまり、話し手は何が言及されており、また何が意味されているかを決める特権をもっており、その一方で、聞き手のほうは、仮初めに話し手の見方に立って、言われたことを懸命に理解しようとするのである。　　　　　　（前掲書p. 190）

States of intersubjectivity are, in fact, contingent upon the fundamental dyadic constellation of speaker's privilege and listener's commitment: The speaker has the privilege to determine what is being referred to and/or meant, whereas the listener is committed to make sense of what is said by temporary adopting the speaker's perspective.

2-3　言　葉

　言語コミュニケーションにこのような観点でアプローチした場合に、言葉はどのようなものになるのか。ロメットヴェイトは、漠然としていること、曖昧であること、そして不完全であること、しかしそれゆえに融通がきくこと、柔軟であること、そして交渉可能であることは、通常の言語の固有の性質であり、理論的にも通常の言語の本質的な性質として扱われなければならないと言う（前掲書p. 183）。そして、「言われたことによって意味されること」（what is meant by what is said）から説き始めて、言葉と意味について次のような議論を展開している。

　　言われたことによって意味されることが一定の範囲でのみ交渉可能であり変動可能なのは、通常の言語に埋め込まれている、意味はある程度一定であるという性質に明らかに依存している。この点を考えると、世界についての何らかの基本的な共有知識が、通常の言葉や表現が持つ**意味の可能性**として埋め込まれているように思われる。そして、そのような意味の可能性は、わたしたちの多元的な社会的世界についての経験に基礎づけられた見方やその世界についてのカテゴリーの仕方に関する何らかの最低限の共通性を、ひじょうに抽象的なレベルで反映しているようである。そして、それゆえに、この意味の可能性は、**語られる事態についての可能性として共有されている認知的−情意的な見方の共通コード**と見ることができ

るであろう。 （前掲書 p.187）

Orderly negotiability and variance in what is meant by what is said is clearly contingent upon some semantic invariance embedded in ordinary languages. Some basic shared knowledge of the world appears indeed to be embedded as **meaning potentials** of ordinary words and expressions. Such potentials, we shall claim, reflect at a very abstract level some minimal commonality with respect to experientially founded perspectives on and categorization of our pluralistic social world and may hence be conceived of as **a common code of potentially shared cognitive-emotive perspectives on talked-about state of affairs**.

そして、言葉と意味の関係について次のように結論的に論じている。

　　さらに言うと、われわれの社会的 − 認知的パラダイムでは、従来意味規則と呼ばれていたものは、事態をカテゴリー化したりそれに意味を付与したりすることに関わる、**言語によって媒介された約定書の草案のようなもの**であると見なければならない。 （前掲書 p. 187）

What traditionally has been labeled "semantic rules," moreover, must within our social-cognitive paradigm be conceived of as **linguistically mediated drafts of contracts** concerning categorization of and attribution of meaning of states of affairs.

さらに、そのような性質をもつ言葉と間主観性の状態の達成との関係について次のように論じている。

　　言語コミュニケーションにおいて間主観性の状態が達成できるかどうかは、**コンテクストに適切なようにそのような抽象的な約定書の草案をうまく特定したり苦心して作り上げたりできるかどうか**にかかっている。 （前掲書 p. 187）

The attainment of intersubjectivity in verbal communication...is contingent upon **contextually appropriate specification and elaboration of such abstract drafts of contracts.**

　同じ言語を共有する二者間の相互行為においては、通常そのような約定書の草案が着々と特定されていくのである。それに対し、観察されたチュートリアル・セッションでは、そのような約定書の草案はしばしばうまく特定されず、また、そのために言語的活動はしばしば停滞するのである。

3. 異言語話者の接触場面における言語的活動

3-1　同じ言語を共有する者同士の言語的活動
　一つの言語に十分に習熟している者は、ロメットヴェイトの言う「さまざまな『可能世界』の住人」である。そのような者が二者間で言語的活動を行おうとする場合に、かれらが思いつく可能なものの見方のレパートリーには、目の前の会話パートナーの立場からでこそ即座に見ることができる側面が含まれている。そして、それはすでに、何らかの水準で言語的に表示されていると考えられる。
　同じ言語を共有する二者が言語的活動を行う場合、話し手になった者は、当該の話題に関する聞き手の眺望と背景知識がどのようなものであるかを仮定し、その仮定と照らし合わせながら自分が言っていることをモニターし、聞き手になったほうは、話し手の見方はきっとこのようなものであろうと考えて、それを採用して、耳にしたことを了解する。このような場合の話し手の仮定や聞き手の側の推測もやはり、何らかの水準で言語的に表示されているものと考えられる。そして、両者は役割を交互に交替して、発話は応答によって引き継がれて、順次相互行為が展開していく。そこでは言語的活動に従事する両者において「『意味をなす』原理」が確実に働いているが、個々の発話の契機でその都度に同原理が働くということではなく、同原理が言語活動従事を通して継続的に働き続けて全体としての意味のユニティ、つまり現下の社会的現実が徐々に変容していくという状況になる。

このようにして、二者間の言語的活動に参加する同じ言語を共有する話者たちは、言語によって媒介された約定書の草案を着々と特定し、共有された社会的現実の状態を達成しながら、言語的活動を展開していくのである。これが、通常の、同じ言語を共有する者同士の二者間の言語的相互行為の様態である。

3-2　チュートリアル・セッションにおける言語的活動の特質

　チュートリアル・セッションにおけるインフォーマントのスピーチはしばしば滞留したり停滞したりし、また、断片的なものになったり秩序立っていないものになったりする。インフォーマントのスピーチは、コミュニケーションを成立させて言語的相互行為を構成することができないこともしばしばある。それは、インフォーマントが、何らかの間主観性の状態と共有された社会的現実の状態を即座に達成できる適当なスピーチを遂行できない状況を示している。

　このようなスピーチに直面するチューターは、インフォーマントの見方はきっとこのようなものであろうと考えながら、遂行されたスピーチに、話し手であるインフォーマントが本来遂行するはずであったスピーチを重ね合わせようとする。それは、話し手が遂行したスピーチを基に話し手の現下の見方はきっとこのようなものであろうと考えて、それを採用して今耳にしたことを補って、あるいは時には再編成して了解しようとしている状況である。一方、インフォーマントの立場からすると、聞き手であるチューターは自分のスピーチを必要に応じて補って、あるいは時には再編成して聞いてくれるであろうということを承知の上で、不完全なスピーチででも、知ってもらおうとしていることを知らせようとしている状況である。インフォーマントの不完全なスピーチをチューターが聞くという状況には、話し手が言ったこと（what she said）と、話し手が知ってもらおうとしていること（what she herself intends to make known）と、話し手が日本語に習熟していたら言ったであろうこと（what she would have said if she is proficient in Japanese）との相互参照作用があるようである。そして、インフォーマントのスピーチがコミュニケーションを成立させ言語的相互行為を首尾よく達成できなかった場合には、言語能力が限定された中で何とかコミュニケーションしようとするインフォーマントと、「『意味をなす』原理」を最大限に働かせてインフォーマントが伝えようとしていることを

何とか知ろうとするチューターは、コミュニケーションと相互行為の達成に向けて協働的に活動することになるのである。

3-3 接触場面における言語的活動と第二言語発達

　第二言語話者の不完全なスピーチとそれを引き金とした第二言語話者と母語話者による協働的な言語的活動は、これまでの第二言語習得研究でも非明示的ネガティブ・フィードバック、リキャスト、スキャフォールディング、意味の交渉などとして記述され、注目されてきた。しかしながら、これまでの研究は表層的な「言語的相互行為」の記述に終わっているように思われる。本章で指摘したいことは、こうした現象において「ムーブは首尾よく達成されたか」あるいは「最終的にどの時点で達成されたか」ということを考えた場合に、こうした現象の中に、話し手の「話すこと」に聞き手が「介入する」という特異な現象が含まれていると見られるということである。そして、ムーブを達成するというコンテクストにおいて、話し手の「話すこと」に聞き手が「介入する」という現象は、自己の限界に直面した場面で他者との協働的活動によってその限界を突破するという最近接発達の領域（the zone of proximal development、以下ZPDとする）に関わる重要なモメントを示しているものと見られるのである。そのようなモメントが頻繁に開示されるチュートリアル・セッションは、第二言語発達研究のための「実験室」とでも言うべき空間であると見ることができるであろう。

3-4 第一言語発達のZPDと第二言語発達のZPD

　接触場面における上述のような第二言語話者と母語話者の協働的活動の状況は、言語習得初期段階の母子相互作用を思い起こさせる。ロメットヴェイトはNewson（1978）を引用して以下のように論じている。

　　乳児とコミュニケーションしようとする人は、その子が他のコミュニケーションができる人と同様であるとしたら普通応答するような乳児の側の行為に、選択的にかつ正確に応答する義務を負わされている。…母親が子どもから引き出した行為に意味を負わせるからこそ、子どもに関して言

えば、そうした子どもの行為が最終的に意味のある行為になっていくのである。 (Rommetveit, 1985, p. 188)

Someone who is trying to communicate with the infant...is bound to respond selectively to precisely those actions, on the part of the baby, to which one would normally respond *given the assumption that the baby is like any other communicating person*. ...It is...only because mothers impute meaning to "behaviours" elicited from the infants that these eventually do come to constitute meaningful actions so far as the child is concerned.

また、ロメットヴェイトは別の箇所で次のように述べている。

それゆえ、1歳の男の子が自分が言ったことで何が意味されているかを探ろうとして、何かを口にしつつ母親の顔を見つめるのは、ばかげたことではない。 (前掲書p. 191)

It is hence not absurd for a 1-year-old boy to watch his mother's face while uttering something in order to explore what is being meant by his utterance.

そして、言語習得初期段階における大人の役割について次のように論じている。

しかしながら、それにもかかわらず、言語習得初期段階の大人と子どもの相互行為は、**話されている事態が何であるかと、言葉は何を意味するかの両方を知っていることになっているのは、子どもではなく大人のほうで**あるという意味で、必然的に非対称的になる。 (前掲書p. 191)

Adult-child interaction at an early stage of language acquisition, however, is nevertheless necessarily asymmetric in the sense that **the adult partner —not the child—is the one who is supposed to know both what talked-about state of affairs** *are* **and what words** *"mean."*

母子相互作用におけるこのような状況は、前節で論じた、第二言語話者と母

語話者による協働的活動の状況に通じるものがあるように思われる。さらに、ロメットヴェイトは、このような母子相互作用の特質とヴィゴツキーの言語と思考の発達の研究を結びつけて、次のように述べている。

　　この基本的な非対称性、すなわち生成しつつある持続的な共有された社会的現実に関して大人が圧倒的に支配力をもっていることは、子どもの前言語的世界に大人の「意味」が与える深遠で微妙な影響についてのヴィゴツキーの探求における中心的な関心であった。人間の高次のあるいは「記号的な」自己統御は、ヴィゴツキーとその仲間たちによると、明らかに非対称的なコミュニケーションのコントロールのパターンをもっている、大人と子どもの相互行為を基礎として発達する。　　　　（前掲書 p. 191）

　　This basic asymmetry—the adult's overriding control of the emerging sustained shared social reality—is of central concern in Vygotsky's explorations of the profound and subtle impact of adult "meaning" upon the child's preverbal world. Human higher-order or "symbolic"self-regulation develops, according to Vygotsky and his followers, out of adult-child interaction with clearly *asymmetric pattern of communication control*.

　母子相互作用における非対称性と異言語話者間の言語的活動における非対称性は、その構図においては確かに似ている。しかし、その内実は根本的に異なるように思われる。それは、第一言語発達においては、子どもは言語と思考（あるいは概念）を同時に発達させることになるが、第二言語発達においては、成人は新しい言語だけに習熟すればよく、基本的に思考（あるいは意味）は発達させる必要がないという点である[5]。そして、この類似と相違が、第一言語発達におけるZPDと、第二言語発達におけるZPDの性質の類似と相違に決定的に関係しているように思われるのである。

5　この点はヴィゴツキーも指摘するところである。ヴィゴツキー（2001）の pp. 319-324 を参照。

4. 結 び

　文法に則っていないスピーチ、文法的には問題はなさそうだが語の部分が了解不可能なスピーチ、滞留や停滞の多いスピーチ、繰り返しや自己修復を含むスピーチ、語をただ並べただけのスピーチ等、第二言語話者のスピーチには、その人が日本語に習熟していればそのようには話さないだろうと思われる多種多様な例が観察される。そのようなスピーチは、その直後で聞き手の応答によって引き継がれない場合は、通常の意味で、つまり同じ言語を共有している二者間の言語的相互行為で普通に見られる言語的相互行為を構成し得ている発話と同じ意味で、発話と言ってよいものかどうか疑問である。また、直後で聞き手の応答によって引き継がれたときでも、その人が日本語に習熟していればそのようには話さないだろうと聞き手（及び観察者）に思われている場合は、やはりそのスピーチは、通常の意味での発話と同じものであると見てよいかどうか疑問が残る。

　また、前者の場合、通常は、修復や意味交渉のシークエンスに入るわけだが、そのような副次的なシークエンスにおける「やり取り」は、通常の意味での言語的相互行為とは本質的に異なるものである。ただし、それは第二言語発達のZPDに直接関係していると思われる。そうしたことから、副次的なシークエンスは、言語指導の観点からは特別な注意をもって取り扱われるべきものであると思われる。一方、後者の場合は、主シークエンスのやり取りが維持されている点では通常の言語的相互行為と類似しているが、その実状は、聞き手が多かれ少なかれ「補って聞いている」ことからも、やはり通常の言語的相互行為とは性質を異にしていると見るほうが適当であろう。

　さらに、第二言語話者の話し方には、複数のターンにわたって見れば一つの発話と見られる話し方や、そのような話し方の中で語彙レベルの意味交渉を行うなどの特徴も見られる。あるいは、話の流れを一時中断させて、次のスピーチで使用する言葉を、聞き手の援助を得ながら入手することもある[6]。

6　本節で言及した各種の様態のスピーチや言語的相互行為については、西口（2013）の第10章（pp. 177-201）や西口（2015）の第7章（pp. 123-147）で報告されている。

一方、ことばに注目してみると、異言語話者間の言語的活動で第二言語話者から発せられることばは、同じ言語を共有する二者間の言語的相互行為で観察されることばと同じ意味で、言葉あるいは言語と言ってよいのかどうかという点にも、疑問をはさむ余地があるように思われる。顕著な特徴を指摘すると、後者の場合では通常はことばに確信をもって話しているのに対し、前者では、しばしば自信なげに常に聞き手である母語話者の是認を求めるような感じで、そして時には、できることならば聞き手である母語話者が代弁してくれてもよいというような様子で話しているのである。このような現象はどのように解釈すればよいのだろうか[7]。

　結論として言うと、チュートリアル・セッションと同様に第二言語話者がもっぱら話し母語話者がもっぱら聴くという形になっている異言語話者間の言語的活動は、きわめて円滑に展開されている場合は別として、言語的活動が比較的円滑に展開されている部分がある一方で、上記のような特徴を多分に含んでいる場合は、通常の意味での言語的相互行為とは性質の異なるものだと見たほうがよさそうである。接触場面における異言語話者間の言語的活動は、同じ言語を共有する二者間で行われる言語的相互行為と同じ意味で言語的相互行為である、という見方をいったん保留することで、われわれはそこで起こっている現象やそこでのことばと行為の様態をより透徹した目で見ることができるように思われる。

文献案内

□ 基本文献

・Rommetveit (1985) Language acquisition as increasing linguistic structuring of experience and symbolic behavior control

---

7 さらに追究すると、言語的相互行為を行っている二者が「同じ言語を共有している」とは、何を根拠にそのように言うことができるのか、あるいは、それはどういう意味なのか、という質問が逆に問われるのである。そして、その質問に対する答えにも、言語的相互行為とことばの重要な真実が含まれるように思われる。西口（2015, pp. 138-141）ではそうした議論を行っている。

本章で論じたこのRommetveit（1985）が基本文献となります。かなり難解ではありますが、本章と照らし合わせながら読むと、ロメットヴェイトの議論がより鮮明に理解できると思います。

□ 概　説
　該当する本はありません。

□ さらに深めるために
1.　Linell（1998）*Approaching Dialogue: Talk, Interaction and Contexts in Dialogical Perspective*
　　対話論的なことばへのアプローチの基本的な概論書というべき本です。この方面をさらに勉強したい場合の第一ステップです。
2.　Linell（2009）*Rethinking Language, Mind, and World Dialogically: Interactional and Contextual Theories of Human Sense-Making*
　　Linell（1998）を書いたリネルがさらにスコープを広げて対話論を推し進めたものです。すばらしく充実した本だと思います。
3.　Wells（1999）*Dialogic Inquiry: Towards a Sociocultural Practice and Theory of Education*
　　リネルが言語や心や現実の構成に関心をおいて対話論を展開しているのに対し、ウェルズは教育や学習指導に関心をおいて対話論を展開しています。対話論的な学習と教育の理論を知りたいならこの本です。
4.　*Mind, Culture, and Activity: Special Issue, Ragnar Rommetveit: His Works and Influence*（2003）
　　本書で紹介したような方向でさらに深く研究したい場合は、この雑誌を参照するのがいいです。*Mind, Culture, and Activity* 誌（Psychology Press, Taylor & Francis Group）の第5巻第3号です。ロメットヴェイトのアプローチは、ヴィゴツキーのそれが "Vygotskian" と呼ばれ、バフチンのそれが "Bakhtinian" と呼ばれるのと同じく、"Rommetveitian" と呼ばれています。それほどかれはこの分野での「巨人」なのです。

第**4**章

語ることをわたしたちの生態環境に位置づける
─ 異言語話者接触研究のための発話の生態心理学序説 ─

イントロダクション

　前章では、ロメットヴェイトの人間のコミュニケーションへの多元的な社会的-認知的アプローチに基づいて接触場面における言語的活動の特性について検討しました。その結果、接触場面での言語的活動は通常の意味での言語的相互行為とは性質が異なるものであることが明らかになりました。続く本章では、そもそも語ることとはどういうことなのかについて考究します。

　言語コミュニケーションはしばしば第1章の図1（p. 15）や図2（p. 15）のようにメッセージの言語符号化と送信と受信と符号解読の過程として見られます。工学的なコミュニケーション・モデルあるいは導管メタファーと呼ばれるものです。そのようなコミュニケーション・モデルに従えば、接触場面において話すことで困難に直面する異言語話者は、思考や概念を言語符号化するために必要な言語知識をまだ十分に身につけていないと見なされます。しかし、生態心理学の観点から見ると、言語コミュニケーションと言語の働きはそれとは違った姿を見せます。本章では、生態心理学の観点を援用して、語るとはどういうことか、そして異言語話者において語るとはどういうことで、そこでの困難は一体何なのかについて検討することによって、言語というものの本性に迫ります。

はじめに

　接触場面において自らが主な語り手となって母語話者と切り結ぼうとする異言語話者はしばしば困難に直面する。しかし、母語話者同士の切り結びにおいては、母語話者は通常は困難を感じることはない。導管メタファー（Reddy, 1993）と工学的なコミュニケーション・モデル（Shannon and Weaver, 1949）に従えば、母語話者は「意思」を巧みにかつ瞬時にコード化して、円滑に意思疎通ができる言語能力（あるいは、伝達能力）を身につけているが、意思疎通で困難に直面する異言語話者はそのような能力をまだ十分に身につけていない、ということになる。しかし、言語話者の「話す」という活動はそのように現場の作用に限定された企てであろうか。また、接触場面における異言語話者の困難とは一体どのような性質のものなのであろうか。さらに、より本質的な問題として、わたしたちが身につけている言語の能力とは一体どのようなもので、それはわたしたちの経験とそれを語る活動の中でどのような機能を果たすものなのであろうか。このような疑問が本章の出発点である。

1.「わたしたちの世界」との出会い

1-1　世界の共同性

　わたしたちは各々の固有の歴史的世界の中に生きている。わたしの歴史的世界をあなたの歴史的世界と取り替えることは決してできない。そういった意味でわたしたちは各々常に唯一の世界を生きているのである。このような事情は、物理的には動物の場合でもわたしたち人間の場合でも同様である。

　動物と異なるのは、わたしたちが、物質的な物理的環境に生きるとともに、文化的な社会的環境に生きているということである。すべての物と環境は物理的な存在であるとともに社会文化的な存在である。すなわち、例えば物は単なる物体ではなく、「机」であり「イス」であり「本」などであり、空間は単なる空間ではなく、「書斎」であり「教室」であり「会社」などである。そし

て、そうした環境の中で出会う人は同様に単なるヒトではなく、通常は各々固有名詞（人名）をもち、制度においては「教師」や「学生」や「課長」や「係員」などであり、特定の社会関係においては「兄」や「弟」や「夫」や「妻」や「友人」などであり、個人間的には「その人」として出会う。「朝」、「昼」、「夜」、「2020年10月10日」、「授業中」など時間さえも社会文化的に構成されて、わたしたちはそれに出会っている。

　社会文化的環境に生きるわたしたちは、わたしが「机」や「イス」や「本」、また「書斎」や「教室」や「会社」などと認識するものを、同じ社会文化環境に生きる他の人もそのように認識するということを自明のこととして想定している。制度的な人や特定の社会関係における人に関しても同様である。そして、このような認識の相似性がわたしたちを各自が各々の唯一世界を生きるという分離・孤立の状態から解放し、「わたしたちの世界」という共同的な世界にともに生きることを可能にしているのである。そしてそこには、わたしたちが共通的に身につけている**特別な知覚システムの作用**が働いている。

1-2　新たな状況との切り結び

　わたしたちの生は、わたしたちが巡り会う状況との切り結び（後述のリードの用語ではencounter）の連続である。わたしたちは種々の状況に直面して、それに関連する意識の作用を活性化させ、同時に潜在的な行為も活性化させて、状況との行為的な切り結びを間断なく編成していくのである。そして、わたしたちの行為に対しては、わたしたちは環境からの反応つまり認識可能な状況の変化を得る。このようにして状況と切り結ぶことでわたしたちは、世界の内部に自らの生の道を切り拓いていくのである。

　わたしたちの生の経験は、状況との切り結びにおける、意識と潜在的な行為と、実際の行為と環境からの反応という精神と行為の循環作用である。そして、個体がそれまでにしたさまざまな経験は、わたしたちが新たな状況に直面したときに、ホログラムのようにオーバーラップしながらハイブリッド的に再生産されて、新規の切り結びがまた編成されるのである。簡潔に言うと、**わたしたちはそれまでのさまざまな経験をリソースとして新たな状況と切り結ぶの**

である[1]。

　一方、先に述べたようにわたしたちは各々歴史的な世界に生きている。それゆえ、個々の切り結びは、当然、そうした歴史的世界における、**中断することのない世界との切り結び**の一局面として経験される。したがって、わたしたちは現在の切り結びを経験するときには、過去の切り結びを二重写しにするとともに、現在の切り結びと過去のそれとの相似性や類似性や反復などについても認識する。そして、そのような認識は現在の切り結びに対する主体の態度にも関わる。

2. 生態心理学の視点

2-1　機械論的な心理学の困難

　本節では、ジェームズ・ギブソンを引き継いで生態心理学を主唱したエドワード・リード（Reed, E., 1954-97）の論に基づいて生態心理学について概観する。

　リード（2000）によると、科学革命以来、西洋の科学は「機械論的世界観」とともに歩んできた。そして、科学としての心理学を確立しようとする真摯な取り組みのほとんどは、科学としての心理学は機械論的でなければならないという前提から出発することになった。

　機械論的な心理学は、行動が起こるためには、システムの外部もしくは内部からの「刺激」が必要だと仮定した。だから、伝統的な心理学では、外的刺激に始まる「反応機構」と、内的刺激もしくは命令に始まる「指令機構」という2つの機構が要請される。そして、ほとんどの心理学的説明は、神経系こそが刺激の受け手であり（つまり、脳が信号を受け取る）、また反応の送り手である（つまり、脳が命令する）という仮説を大前提にした。

　「刺激がなければ動かない」ということは、ロボットや機械については確かにその通りだろう。しかし、それは動物の実態からかけ離れている。動物は常

1　本章では、人間特殊的な環境で具体的なものを「状況」と呼んでいる。しかし、それを知ったり経験したりすることはすでに人間特殊的な知覚作用を前提にしていることに注意する必要がある。

に能動的である。その動物を取り囲む（その動物がその中で自己を見出す）複雑な環境状況を「刺激」つまり「脳への入力」として扱い、動物の行動を「反応」つまり「神経系の命令による出力」として扱う考え方はすべて、動物のようには持続的活動ができない機械に動物をなぞらえる強引なアナロジーに基づいている。

　また、機械モデルを前提にしたため、心理学者の多くは、脳または心の役割は「世界像」の構成にあると考えることになった。この考えによれば、動物が自らの身体を適切に動かす命令を出すためには、まず種々の刺激を収集、照合、解釈して「世界像」を構成しておかなければならない。脳が周囲の世界の表象を構成し、利用するというこの仮定は、心理学者と神経生理学者と認知科学者を結びつけて、1970年代から80年代にかけて認知科学という一つの学問分野を成立させるに至った。

　このような考え方の難点は、脳や心が世界像をもつことによって、動物が環境との関係で適切に行動できるようになることは原理的に不可能であるということである。例えば、脳が一つないしそれ以上の世界の表象を作ったとして、それからどうしたらいいのか。世界の表象をもった動物は、それをもたない動物よりもどのような意味で世界の理解や世界への行為に向けたよりよい準備をしたことになるのだろうか。また、表象が妥当性をもち得るためには、表象されている物事の多数の性質についての情報が埋め込まれた一般的な形式で表現されている必要がある。ところが、心的表象が世界像という意味で単なる地図のようなものだったら、物事についての理解を深めることにも、行為の指針とすることにも、特に役に立つとは思われない。なぜなら、このような心的表象をもつ人は、自らの直面している課題に関連した情報を与えてくれる側面をその表象の中から同定しなければならず、しかも、そのように有用な側面を表象の中から選択するには、当面の課題に関わる環境側の特徴も過不足なく選択しなければならないからである。つまり、一つの表象を利用するためには、当面の課題とその課題に関わる環境の特徴の両者を前もって理解していなければならないのである。結局、こうした心理学では、表象されているものの扱い方を前もって知っているわけではない動物にとって、そのような内的表象がどのように役に立つのかということは、まったく明らかにされていない。以上が生態心

理学からの伝統的な心理学に対する批判の概要である（リード、2000, pp. 17-23）。

2-2　生態心理学

　このような伝統的な心理学に対して、生態心理学は活動の調整（regulation of activity）という生物学的概念に基づく新たな心理学である。生態心理学は、有機体の内部にどのように世界が構成されるのかということではなくて、世界の内部にどのように有機体が自分の道を切り拓くのかということを理解しようとするのである。

　リード（2000）によると、人間と動物の経験と活動についてこれまでの心理学の基礎にある見方は、「二つの環境」仮説というべきものである。すなわち、心的（主観的）な世界と物理的（客観的）な世界という2つの環境が実際にあるとする考えである。このように2つの環境を立てる戦略は、一見すると、主体性＝主観性についての科学を物理科学の侵攻から守り、両者を並立させる賢明な方法のように思われるが、実際は、人間を「死物としての身体」と「抽象的記号としての心」とに引き裂いてしまった。この二元論は哲学から強力に批判されたが、この「二つの環境」仮説を前提にしない理論を展開しようとした科学的心理学者はいなかった。しかし、ギブソン（Gibson, 1979）だけは違っていた、とリードは言う。

　ギブソンは、〈サイコロジカルなこと〉（the psychological）をわたしたちの手に取り戻すためには、人間と動物の運動力（animacy）と知覚力（sentience）の両者がともに内包されるように〈エコロジカルなこと〉（the ecological）を捉え直す以外にないと考えた。ギブソンの構想は、人間や動物の行動のフィジカルな事実と生きることの経験的な側面の双方に均等にウェイトをかけつつ、心と身体を一つに結び合わせる生態心理学の構築である。ギブソンの考え方の重大な革新は、〈情報〉をエコロジカルなものとして捉えたこと、つまり、〈情報〉を生体内ではなく環境内のエネルギー場の特別なパターンとして捉えたことにある。こうしたエコロジカルな情報を利用することによってわたしたちは、自己の周囲と切り結ぶことができ、その切り結びを調整することができ、生きた世界における自己の活動を意識することができるのである。

　こうした生態心理学においては、精神生活におけるフィジカルな要因と

バイオロジカルな要因が果たす役割をともに認めることができるのである。なぜなら、情報は、言ってみれば、環境のフィジカルな特徴であり、しかも、そのような情報を獲得し利用するためにはそのように動機づけられたバイオロジカルな過程が必要だからである。また、生態心理学では、心的状態を自然の世界の中に位置づけながらも、個々のパースペクティブの独自性を認めるという形で、生物に利用可能な情報の内容が実在することを強調することができる。環境はすべての有機体に共通であるが、エコロジカルな〈情報〉は、環境内の有機体に特定的なのである（リード, 2000, pp. 9-11）。

2-3　アフォーダンスとわたしたちの行動

　エコロジカルな〈情報〉は、わたしたちが適切に行為することを可能にするために環境が与えてくれる資源である。環境との切り結びにおいてわたしたちが利用する環境の資源を生態心理学では**アフォーダンス**と呼んでいる。リードは生態心理学の基底にある仮説を以下のように述べている。

　　　アフォーダンス群、そして、その相対的な利用可能性（または、利用不可能性）こそが動物個体の行動にかかる選択圧をつくりだす。ゆえに、行動は、ある動物の環境のアフォーダンス群との関係において調整される。

（リード, 2000, p. 37）

　この仮説は、生態心理学のスコープを反映して、動物一般について述べられている。このアフォーダンスの概念を社会文化的な動物であるわたしたちと環境との切り結びに適用すると以下のようになる。すなわち、社会文化的な動物であるわたしたちは、社会文化的に構成された環境の中に生き、生の各局面においてそこに構造化されているアフォーダンス群を認識し行動を調整しながら生きているのである。

　わたしたちの行動をアフォーダンスに基づく行動の調整と見るこうした見方に関して、2つの点を指摘しておかなければならない。まず第一に、生態心理学では、エコロジカルな情報すなわちアフォーダンスは環境内の有機体に特定的であり、「あるアフォーダンスと切り結ぶ能力には、そのアフォーダンスに

よる自己の行為調整を可能にする情報の利用へと調律された知覚システムが必要とされる」（リード, 2000, p. 36）と言う。動物と環境との関係で言うと、ここに言う知覚システムは進化過程の中で種として独自に形成されたバイオロジカルな知覚システムということである。しかしながら、同一種の中での進化とも言える社会文化史をもつ人間の場合は生得的な知覚システムだけではすまない。社会文化的に構成された環境の中では、誰もが適切に振る舞うことができるわけではなく、適切な社会文化的なアフォーダンスを利用しそれを行動に連動させる知覚システムを発達させた者だけがその環境で適切に振る舞うことができるのである。人間の特殊性は、生得的なバイオロジカルな知覚システムはそのままでは文明的な環境の中で生きる知覚システムとして機能しないことである。人間の生得的な知覚システムは**社会文化的に調律されなければならない**のである。

　もう一点は、アフォーダンスは行動の機会を提供し、行動を調整するために利用されるが、それによって行動が引き起こされるわけではないということである。リードは以下のように言っている。

　　〈行動〉（知覚・認識を内包した最広義の〈行動〉）は引き起こされないnot caused。アフォーダンスは行為の機会opportunitiesであって、原因や刺激ではない。アフォーダンスは利用可能であり、生物個体の行為を動機づけることもできるが、行動を引き起こすわけではないし、そんなことはできない —— 当該のアフォーダンスを利用している行動さえ引き起こされているわけではないのだ。　　　　　　　　　（リード, 2000, p. 38、一部筆者改訳）

この点は重要な意味をもつ。リードは続ける。

　　〈サイコロジカルなこと〉とは、正確には、動物が世界と切り結ぶ際に起こる、引き起こされたわけではない行為と意識のことだ。ある動物の行為と意識を支える要因は層を成している。それらはその動物の神経系の中にあるだけでなく、その動物を取り囲む環境の中にもある。しかし、それらのどの要因も（個別にも、集合的にも）サイコロジカルな状態を完全に

引き起こすわけではない。これこそ〈エージェンシー〉の意味するところ
である：エージェントはものごとを起こす。世界内に自分の道を切り開
く。すなわち、本書の用語で言えば、環境と切り結ぶ。環境と切り結ぶこ
のエージェントは肉体と神経と筋肉と内臓だ。ホルモンは、このエージェ
ントのレディネスの状態を変化させうる。外的な刺激作用にも同様の働き
がある。だが、エージェントの行為はこれらの原因によって、あるいはど
のようなものであれそうした原因によって引き起こされた結果ではない。
エージェントの行為は、通常は自発的で、内的・外的どちらの要素によっ
ても修正・調整される、たえまない調整活動の流れの一部である。

（リード, 2000, p. 38、一部筆者改訳）

　つまり、動物の行動はそれが利用できる多種多様なアフォーダンスの層（と内
的なレディネスとの相互作用）の中で修正・調整されているのであり、そうしたア
フォーダンス群の層には、ある行為や意識の活性化に結びついたものと抑制に結
びついたものがあると考えられる。すなわち動物は、行為や意識の活性化に関し
て、時には競合し時には合同して相互に促進作用をする、多種多様なアフォーダ
ンスの中で行動を修正・調整しているのである。特定の状況にある人の意識が単
一的なものではなく、しばしば複雑で複合的なものとなることは、日常的な経験
として受け入れることができる事実であろう。アフォーダンスの多種多様性の観
点は、このような人の意識の複合性を説明する観点を提供していると言える。

3. 異言語話者が語るということ

3-1　経験

　語るというのは一体どのような活動であろうか。話がわかりやすいように、
自分がその事態に直接関わらず、観察者あるいは傍観者として体験した事柄に
ついてまず考えてみよう。
　人は、生得的なバイオロジカルな知覚システムではなく、**社会文化的に調律
された知覚システム**でもって環境を「知る」。そして、このような「知り方」

に相対する形で、わたしたちの環境は、もちろん物理的な環境であると同時に、**文明的な社会文化的環境**となっている。わたしたちの発達した知覚システムは、わたしたちがそのような環境にそのような環境として出会うことを可能にするいわば**文明的な知覚システム**である。わたしたちの発達した知覚システムとわたしたちの文明的に構造化された生息環境とは、どちらが先とも言えない相即的な関係にあると言ってよい。そうした知覚システムを通してわたしたちは、なまの環境ではなく、「わたしたちの世界」の中の「事態」に出会い、「わたしたちの世界」の中の「状態」や「対象」に出会うのである。そして、それらは「わたしたちの世界」の事象であるがゆえに、言語的に経験される（あるいは、言語的に経験されるほかない）「事態」や「状態」や「対象」なのである。歩いているときに、道端の草むらの中から色鮮やかなものが顔を出して風にそよいでいる状況に出くわして、わたしたちは〈きれいな花〉〈コスモスだ〉とその状態と対象を知る。そして、そのように知ったその瞬間にそれは言語的に経験されている。上空から「ブーン」という音がしたのでおもむろに眼を向けて、〈飛行機が飛んでいる〉と起こっている事態を知る。知ったその瞬間に、それは言語的に経験されている。また、前方に自分の目線よりもずっと低い、喚きあっている一群の集団とその中に混じっている自分と同じほどのサイズの複数の個体を見て、わたしたちは〈子どもたちとお母さんたちが保育園に行くバスを待っている〉とその事態を知る。そのように知ったその瞬間にそれは言語的に経験されている。文明化された環境に生き、その環境で生きられるように調律された知覚システムを発達させたわたしたちは、もはや決してなまの物理的環境を経験することはなく（あるいは、できず）、前方の路上の障害物は「自転車」であり、足下の地形の変化は「道路」と「歩道」の間の「段差」であり、上空を遮っているものは「街路樹」であり「街路樹の紅葉」である。「道路」、「歩道」、「車」、「歩く人々」、「街路樹」、「新緑」、「電柱」、「家」、「門」、「庭」、「建築中の家」、「建築作業員」、「ヘルメット」、「トラック」、「青い空」、「白い雲」、そして「学校に向かいつつあるわたし」等々、わたしたちはすべて社会文化的な人間の環境として環境に出会うのである。そして、その出会いは同時に環境との「言語的な出会い」でもある。わたしたちは、言ってみれば、**言語的な意味を内具している「わたしたちの世界」に出会う**（ある

いは、出会わなければならない）のである。そしてわたしたちは、**そのような
わたしたちの環境に出会うその瞬間に、その環境に内具されている言語的な
アフォーダンスを抽出し利用している**のである[2]。自分が環境の中の一人の行
為主体になっている場合も基本の部分は同様である。ただ、その場合には、
「わたし」という主体が、「世界の中の行為主体であるわたし」と「その『わた
し』を含めた世界を知るわたし」という二重構造をもつことになる。〈子ども
の一人がわたしのほうに近づいてきて、会釈をした。わたしもそれに応えて会
釈した〉という経験は、行為主体であるわたしと認識主体であるわたしが共々
にした経験である。

　わたしたちはこのようにして環境に出会い、それぞれの環境で**特定の状況の
中に自らを見出し**、そして同時に環境に内具されている言語的なアフォーダン
スを抽出してその**状況を「識る」**のである。それは「言語的な世界」である
「わたしたちの世界」に自らを位置づける間断のない営みであり、他の動物と
は異なるわたしたち流の「世界の内部に自分の道を切り開く」（リード, 2000, p.
21）モードである。そして、重要なことは、このような仕方で世界と切り結ぶ
ことで、わたしたちの心はますます「言語的な経験」に充ち満ちていくのであ
り、このような営みに従事した心が、そのときに、またその後に、その経験を
語る際の拠り所となるのである[3]。

2　前方の障害物や上空の遮蔽物が何であるか、上空から聞こえる音が何事に関わる音なの
　か、前方にいる集団は何をしているのか、などがまだわからないときは、直に環境に出
　会っているように見える。しかし、直に環境に出会っているように見えるそのような瞬
　間にもわたしたちは「あれは何だ？」、「あの音は何だ？」、「あの集団は何者であんなと
　ころで何をしているのか」と自問する形でやはり環境と言語的に出会っている。

3　この説明では、環境との出会いを主に議論していて、環境との「能動的な」出会いすな
　わち切り結びの側面が十分に議論されていない。例えば、前方の車がすぐ左を走る自転
　車に気づかずに左折しようとして接触しそうになっている場面を前にして、わたしたち
　は「あぶない！」というふうに状況と切り結んでいるのである。このような切り結びに
　おいては、「車が自転車に今にもぶつかろうとしている」という冷静で客観的な状況は、
　「あぶない！」に圧倒されて、それに包み込まれて潜在化する。このような形の環境との
　「能動的」あるいは「反応的」な切り結びについては、ここまでの議論では直接には言
　及されていない。注2で紹介した例は、実は同種の切り結びの様態を提示している。そ
　してそうした環境との切り結びの様態は、実は人と出会って行われる相互行為的な切り
　結びの様態に通じる特質をもっているのである。しかし、それは当面の論点ではないの
　で、本章では深く議論しないこととする。

3-2　経験を語ること

　経験を語ることとは、わたしたちのこのような日常的な経験の中で、対話の相手と共有するものとして提示される「わたし」の話である。それは「今-ここ」の相互行為に埋め込まれる、「今-ここ」でない話である[4]。言ってみれば、「今-ここ」の時空間に過去の時空間を横から連結するようなものである。

　このような経験談の状況においては、話し始める時点で、話し手の中には当該の経験が何らかの形で用意されているものと思われる。そして、その一部はすでに言語化された「モデル」（'*model*' of discourse-in-context、Linell, 1998, p. 129）となっているものと考えられる。話し手は自分の経験をなまの形で聞き手に知らしめることはできない。聞き手に自分の経験を知らしめるためには何らかの指標（index）が必要である。そこで話し手は、「モデル」を主なリソースとして、ディスコースを構成することによって、それを達成することになる。そして、話し手はモデルのリソースをそのまま、あるいは聞き手が事態を再構成しやすいようにそれを（再）構成して、発話として順次提示するのである。このようにわたしたちは、過去の経験の時空間を「今-ここ」の時空間に挿入するだけで、難なく過去の経験を「今-ここ」に再生することができるのである。そこでは「モデル」が中核的な役割を果たしている[5]。

3-3　接触場面における異言語話者の困難

　上に論じた経験と経験を語ること及びその両者の関係は、いわゆる母語話者において成り立っている事柄である。そこでは、**経験と経験を語ることの間に「モデル」の媒介**がある。しかし、接触場面における異言語話者の場合は事情が異なる。第二言語を通して環境に出会う習慣がない、あるいはそうした経験がひじょうに少ない異言語話者の場合は、特定の話題についての「モデル」は

4　つまり、通常は経験を語り始める前にまず「今-ここ」の相互行為が開始され、またその終了が何らかの形で達成された後は、「今-ここ」に戻ってから相互行為は終結される。また、最初の経験談は「今-ここ」の相互行為のコンテクストと直接・間接に連鎖して開始されると見てよい。話し手あるいは聞き手がある話を引き出すために意図的に「水を向ける」こともある。これらは経験談に限らず、「今-ここ」でない「○○についての話」に共通の談話的な特徴である。

5　議論を簡明にするために、ここでは当該の語りが行われる相互行為の現場のいわゆるコンテクスト要因には注目しないで議論している。

大部分あるいは全面的に第一言語で構成されている。そのために、**経験と経験を語ることの間で断裂が生じる**のである。あるいは、第二言語の観点から言うと、特定の話題について第二言語によって構成された「モデル」がきわめて脆弱なために、「経験」を「経験を語ること」に接合することがひじょうに困難になるのである。

　第二言語の教師は異言語話者が自分の経験を話すのに困難を感じている状況にしばしば直面する。その状況は、本来は「モデル」を媒介としてすでに結びついているはずの経験と経験を語ることの間の断裂を縫い合わせる作業をしている状況だと言える。そして、このような事情は経験を語ることに限られたことではなく、「意見や感想を述べる」、「説明をする」、「将来について語る」等々あらゆる言語活動従事に共通する事情だと見られるのである。

4. 結 び

　このような異言語話者の困難は一体どこからくるのだろう。問題の所在の一つの可能性は、異言語の学習者が取り組んでいる第二言語学習における相互行為の様態である。第二言語の学習において、あるいは日常において、異言語話者（第二言語学習者）は自らにとって重要な世界や経験やアイデンティティなどに形を与える手段として第二言語を使用する経験をしているであろうか。また、第二言語教育者は、第二言語学習者にそのような経験を提供し得る学習の機会を学習の場に構成しているであろうか。さらには、本章の冒頭で導管メタファーに言及したが、第二言語の学習や教育がそうしたメタファーに組み込まれている「記号システム」の学習だけになっていないか。そして、より根本的な問題としては、第二言語の学習者も教育者も**言語の能力を言語活動従事の現場ではじめて発動されるある種の知識だと捉えているのではないだろうか**。もしそうであるとすれば、異言語話者の困難は今後も続くであろう。

　異言語話者が第二言語で語れるようになるためには、**自らにとって重要な世界や経験やアイデンティティなどに形を与える手段として第二言語を行使する経験を重ねることが必要である**。第二言語の発達を、そのような経験の個人史

の中で起こる歴史的な現象に位置づけない限り、第二言語の学習と教育も、そして第二言語発達の研究も、導管メタファーのしがらみから逃れることはできないであろう。

文献案内

□ 基本文献

・リード（2000）『アフォーダンスの心理学——生態心理学への道』　※ Reed （1996）の邦訳

　生態心理学はギブソン（Gibson, 1979）に始まるのですが、それをアフォーダンスの心理学として体系化したのがリードです。とてもわかりやすく書かれています。

□ 概　説

アフォーダンスの心理学を知る

・佐々木（2008）『アフォーダンス入門——知性はどこに生まれるか』
・佐々木（2015）『新版 アフォーダンス』

　アフォーダンスの心理学関係の本は多数ありますが、この2冊が入口として最適です。

□ さらに深めるために

1. 長滝（1999）『知覚とことば——現象学とエコロジカル・リアリズムへの誘い』

　現象学、具体的にはメルロ＝ポンティの立場からの知覚論とアフォーダンスの視点をかけ合わせて、世界と身体、生活世界、客観性の起源、理念性の起源、知覚への文化の影響などが緻密に論じられています。言語教育的な関心としては、最後の補遺「知覚と言語が交わるところ」がアフォーダンスとことばの絡みの議論として最も興味深いです。

2. マトゥラーナとバレーラ（1997）『知恵の樹——生きている世界はどのように生まれるのか』

マトゥラーナとバレーラはオートポイエーシス論の提唱者として著名で、その理論は新たなシステム論としてさまざまな分野で応用されています。オートポイエーシスを論じた本は原著や概説を含めてさまざまありますが、マトゥラーナとバレーラ（共に生物学者）自身が初期に書いたこの本が言語への関心に最もよく応えてくれます。ちなみに、この本の原著はスペイン語で、1984年に出版されました。最初の邦訳はそのスペイン語原著からの訳で、1987年に出版されました。現在入手可能なのは同書の文庫版です。一方、英語での初版出版は1987年で、現在普及している英語版は1992年出版の改訂版（Maturana and Varela, 1992）です。筆者はその英語改訂版と邦訳文庫版を見ていますが、両者の間に違いは見つけられません。

　かれらの見方の端緒は、認識（知ること）という行為には必ず一つの世界を生起させるということがつきまとうという点と、認識は有効なアクションであり、有効なアクションとは生物として存在していく上で環境と切り結んで有効に作動することだという点です。そして、オートポイエーシスの理論では、人間によることばの行為（かれらはこれを「言語すること（languaging）」と呼んでいます）も生きる者によるアクションの調整の一形態であると位置づけるのです。筆者自身は、マトゥラーナとバレーラのオートポイエーシス論は、生態心理学の背後にあってそれを生物学的に基礎づける理論だと理解しています。ちなみに、Garicía and Wei（2014）は、"languaging" という言葉を初めて使ったのは、このマトゥラーナとバレーラの本だと指摘しています。

　いずれにせよ、この本は生物学や心理学や哲学などいずれの分野の予備知識がなくても読めるように書かれており、生きる世界と行為と認識とはどういうものでどういうことか、そして、（他者の）認識について（観察者として）認識するとはどういうことか、さらにそうした中で言語とはどのようなもので、それはどのような位置を占め、どのような役割を果たしているかなどを明瞭で明晰に示してくれます。写真や挿絵や図などもふんだんに提示されており、ひじょうに興味深い本だと思います。

第5章

言語教育におけるナラティブ主義と
ヴィゴツキーとバフチン

イントロダクション

　筆者は過去10年来、表現活動中心の日本語教育を構想し、具体的に教育を企画し教材を制作して、同僚教師とともに実践しています。本章では、表現活動中心の日本語教育における重要視点である表現活動というものが、ヴィゴツキーやバフチンの思想及び心理学におけるナラティブ主義（本文中では、ナラティブ・ターンと呼んでいる）とどのように関わっているかを明らかにします。

　はじめに、表現活動中心の日本語教育の構想にあたって言語という記号の性質や働きについてどのように考えたかについて要点を述べます。この部分はいわば、前章までで論じた言語観の実用的なサマリーとなります。次に、コースとしてさまざまな言語活動の空間を敷設するというウィドウソンのアイデアを紹介し、そのアイデアと先に論じた言語についての見解をかけ合わせることで表現活動中心の日本語教育という教育スキームが構想されることを示します。その構想には前章末で指摘した学習者各自がそれぞれ「わたし」として思索と詩作に従事するという観点も含まれています。続いて、そうした「わたし」ということとの関連で、人間の意識と言語についての本源的な関係について検討します。この部分が本章の主眼となります。論じるのは、ロシア革命直後のウズベキスタンで行われたルリア（Luria, A. R., 1902-77）の言語と意識の研究と、晩年のブルーナー（Bruner, J. S., 1915-2016）のフォークサイコロジーへの志向です。これらの研究は心

理学におけるナラティブ・ターンと共通的に特徴づけることができると主張します。そして、表現活動中心の日本語教育の構想もこうしたナラティブ・ターンの流れにあることを指摘します。

はじめに

　筆者は第二言語教育、具体的には外国人に対する日本語教育を専門的な教育領域とする者であり、過去約10年間は、表現活動中心の日本語教育を構想し（西口, 2016; 2017a）、独自に教育を企画し、教材システムを開発し、実践を創造してきた（西口, 2020）。そうした教育の企画・開発・実践は、基礎段階としては自己表現活動中心の基礎日本語教育（西口, 2013; 2015、教科書としては西口, 2012a）として、そして中級段階としてはテーマ表現活動中心の中級日本語教育（西口, 2014、教科書としては西口, 2018b）として結実している。筆者のこうした企画・開発・実践の背景にある言語観や言語習得観などはヴィゴツキーやバフチンの研究によって触発され精緻化されてきた。しかし、その発想のもともとの起源は以下に紹介するニューマークとレイベルの研究にある。

　今から半世紀前にニューマークとレイベルは "Necessity and sufficiency in language learning" というタイトルの論文で次のように論じている。

　　人が言語を習得するための必要条件と十分条件はすでにわかっているものとわれわれは考える。つまり、言語行使の実例（instances of language use）がそのまま学習者に提示されて学習者が実際に言語を行使しようとする行為が選択的に強化されさえすれば、普通の人は言語を習得することができる。ここで重要な点は、学習者が実際の行使の中の言語の実例を学ぶのでなければ、それは言語を学んだことにならないということ、そして、学習者がそうした言語行使の実例を十分に習得してしまえば、そのままの形で与えられている実例について分析や一般化は不要だということである。…学習する教材に関して教師が主としてコントロールし

なければならないのは、教材で提示される材料が学習者が使おうとするために十分に把握可能であることだけである。後は、学習者の言語学習能力が発揮されてうまく行く。

（Newmark and Reibel, 1968, p. 149, p. 161、筆者訳）

　ニューマークとレイベルのこの見解は、後のコンプリヘンション系のアプローチ（Winitz and Reeds, 1975、Winitz (ed.), 1981）やナチュラル・アプローチ（Krashen and Terrell, 1983）の提案の背後にある基本的見解となっている。しかし、それらのいずれの提案においても、言語記号そのものの性質やその働きについての議論やそれとの関係での教育企画のスキームと具体的な実践に向けての指針などについての議論はなされていない。ヴィゴツキーやバフチンの研究はそうしたテーマについて考究するためのさまざまな洞察を与えてくれる。

1.　表現活動中心の日本語教育における言語についての見解

1-1　話し手と聞き手との共通の領域としての発話

　人は歴史の中の特定の時空間にあり、その時空間を特定の社会的現実として時々刻々と捕捉しながら生きることを営んでいる。そうした生きることの中で人はしばしば他者と出会い、その他者と他者がいるその時空間を捕捉して他者と社会的な相互行為に入る。社会的な相互行為はしばしば言葉の取り交わしを伴って運営される。それが社会言語的交通である。

　社会言語的交通の運営に関与していることばは、「わたし」と他者との間に架けられた言語的な橋である。「あなた」は「わたし」が発したことばを対話の流れの中に定位して応答する。その応答を「わたし」はまた対話の流れの中に定位して応答する。そうした相互性の下に対話者たちは交わされることばを「わたし」と「あなた」が共有する共通の領域と認識して、「わたし」と「あなた」が協働的に展開し共同的に従事している出来事を経験していく。以下のバフチンによる一節は社会言語的交通で交わされることばのそのような性質を論

じたものである[1]。

　いずれの発話も、「他者」との関係の中にある「人間」を表しております。発話の中で、"私"は、他人の視点から、さらに、最終的には"私"の属する共同体の視点から、自らを形づくります。発話・言葉は、"私"と他の人たちとの間に架けられた橋です。この橋は、一方の端では"私"によって支えられ、他方の端では"私"の聞き手によって支えられております。発話・言葉は、話し手と聞き手とが**共有する共通の領域**です。

（バフチン, 1929/1980, p. 188）

　このような事情は、対面的な口頭言語での言語活動の場合だけでなく、書記言語による言語活動の場合にも当てはまる。発話は本来そのような性質のものであり、そのような性質に留意するために本章では、発話ではなくことばという用語を用いることとする。

1-2　ことば的事象と言語なるもの

　第二言語学習者は、自身の言語が使用される世界においては、口頭言語と書記言語両様で多種多様な言語活動に従事することができる。つまり、当該の言語によることばによって共通の領域を他者と共有して出来事を構成しつつ他者とともにそれに参加することができる。その同じ人が第二言語の言語活動に従事することになると、困難が生じる。つまり、実際の言語活動従事の契機で自身と他者が共有する共通の領域を進展させるためのことばを首尾よく得ることができず、しばしば言語活動を前進させることができなくなるのである。

　ここに言うことばは、思考や心理が言語という形に結実したものと当面は言ってよい。そして、そうした言語的なヒューリスティックスが可能となるのは、当該の主体がそれまでの生を通してことば的事象の経験を十分に蓄積して

1　バフチンは、社会的交通（sotsialnoe obschenie）と言語的交通（rechevoe obschenie）という用語を用いているが、社会言語的交通という用語は用いていない。しかし、ここで論じているように、言葉の取り交わしを伴って運営される社会的な相互行為は現にあるわけで、それを社会言語的交通と呼ぶのは十分に合理性があるだろう。

いるからである（西口, 2013, pp. 108-109, p. 120）。ことば的事象とは、以下のようなものである。

　世界が「事象」を開示してくれて、それが後に言語にコード化されるのではない。むしろ、話すとか書くなどの過程を通して、**体験は言語というフィルターを通してことば化された事象となるのである**。

　The world does not present "events" to be encoded in language. Rather, in the process of speaking or writing, **experience are filtered through language into verbalized events**.

（Slobin, 2000, p. 107）

　ただし、この一節と先のことば的事象の経験の蓄積ということを重ね合わせると、実はよじれが顕在化する。ことば的事象の説明では、あたかも「言語なるもの」があらかじめそこにあって、その働きによってことば的事象が経験できると言っている。一方で、その上では、言語的ヒューリスティックスという用語の下に「言語なるもの」の存在を暗示しつつ、それはことば的事象の経験を蓄積することによって主体に形成し具有されるものだと言っている。そうなると、ことば的事象の経験ができるようになるためには「言語なるもの」が必要で、「言語なるもの」はことば的事象の経験の蓄積を通して形成されるという論理矛盾が生じる。こうした論理矛盾は、マルクス主義の視座では、対象（世界）と体験は記号を媒介とした弁証法的関係にあると説明される。つまり、対象（世界）と体験は、記号を結節点として経験として止揚される、となる。

　しかし、弁証法的関係や止揚と説明されても、その内実はイメージしにくい。人々が言語活動にどのように従事しているのかを捕捉したいわれわれは、バフチンのことばのジャンルの視点を援用することで、言語活動従事のメカニズムに迫ることができるだろう。

1-3　ことばのジャンル

　ことば的事象の経験を可能にするのは、凝固した古い世界観（英語ではcongealed old world view、バフチン, 1974/1988, p. 335）であることばのジャンル（バフチン, 1952-53/1988）の働きによる、とわれわれは仮に想定することができ

る。ことばのジャンルはGee（1999）の言うキャピタルDに対応する[2]。それ
は構造化リソース（structuring resource、Lave, 1988）あるいは文化的型（cultural
forms、Holland et al., 1998）の一種であるが、わたしたちがわたしたちの生を営
む上で特別に重要な位置を占めるものである（西口, 2018a）。ことばのジャンル
は、「沈殿した歴史的な意味や心的態度をあらかじめ染み込ませて、われわれ
の実際の相互行為の契機にやって来」（Hall, 1995, p. 208、筆者訳）て、わたした
ちにことば的事象の経験をさせてくれ、他者と共に営む言語活動従事を可能に
してくれるのである。

　しかし、ことばのジャンルは、構造化リソースや文化的形態と同じく、客観
的な実在ではない。それは分析と解釈のための視座である。ことばのジャンル
は、個人に注目して言うと、ことば的事象の経験の蓄積あるいは沈殿であり、
文化歴史的観点で言うと、スピーチ・コミュニティにおけることば的事象の集
合的な沈殿となる。そして、前者の場合は、ことばのジャンルの形は発声の姿
の個人史的な記憶で、ことばのジャンルの意味は経験した事象の個人史的な記
憶となる。また、後者の場合では、ことばのジャンルの形は発声の姿の集合的
な記憶で、ことばのジャンルの意味は経験した事象の集合的な記憶となる。言
うまでもなく、個人が具有することばのジャンルは、スピーチ・コミュニティ
が有することばのジャンルの一部にすぎない。

　そのように記号的に共約化された経験の沈殿が、言語活動に従事するための
文化歴史的なリソースとしてわたしたちにあらかじめ与えられているのであ
る。そして、そうしたことばのジャンルが、実際の具体的な言語活動従事の契
機にヒューリスティックにやってくるのである。わたしたちがともに言語活動
に従事できることを支えているのは、そのようなことばのジャンルという記憶

2　キャピタルDは、ジー（Gee, 1999）では「"Disocourses" with a capital "D"」となってい
る。わたしたちが何者で何をしているかを見えるようにし認識されるようにすることは
「ただ言語だけ」という以上のたくさんの事柄を含んでいるとジーは指摘し、それには、
「適切な」場所で、「適切な」ときに、「適切な」話の筋で、「適切な」仕方で、行為し-
相互行為し-思考し-価値づけ-話す-（そして時に書き-読む）ことが含まれると言う。
そのように論じた上で、Geeは、「正しい」場所で「正しい」時に「正しい」物と関わり
ながら言語の行使と思考と価値づけと行為と相互行為を行う仕方の間にある社会的に受
け入れられ認められている連合があると言い、それをキャピタルDと呼んでいる（Gee,
1999, p. 17）。

の沈殿が一定の相似性を備えてスピーチ・コミュニティのメンバーの間で共有されているからである。

1-4　第二言語学習者が習得するべき言語

こうした議論に注目して導き出される第二言語の習得についての見方は以下のようになる。

(1) 一般的に認識されているように、第二言語習得の場合は、第一言語で形成された「既成の意味」を符号化する新たなコードとして第二言語を知るという側面はある。

(2) しかし、「既成の意味」をあらかじめ措定する限り、第一言語等の既習得の言語への依存は免れない。

(3) 第二言語を第二言語として習得するためには、スピーチ・コミュニティのメンバーが織り成すことば的事象に漸進的に参入し、そのことば的事象の経験を積み重ねて、さまざまなことばのジャンルを蓄積し、それを流用する経験を重ねなければならない。

この見方は、第一言語等の既習得の言語への依存に警戒する見方でありつつ、他方で、日本語という一つの言語システムをあらかじめ措定してそれを教えるという方法を拒む見方でもある。こうした見方について次節でさらに論じる。

2.　表現活動中心の日本語教育の企画の方略

2-1　言語への注目の仕方

第二言語教育の企画において言語への注目は当然必要である。そうでないと、言語教育にならない。その場合の注目の仕方として、言語を特定の客体的な対象として注目するという仕方がある。その典型が、言語を抽象化して言語構造のシステムとして捉えるという構造的アプローチである。言語を一義的

に構造のシステムとして捉えると、言語教育の内容は畢竟、文型・文法事項などの言語事項の総体となり、教育課程はそうした言語事項を配列したものとなる。そして、そのような教育企画の下での教授活動や学習活動は避けがたく言語事項の指導や学習となる。このように、構造のシステムとして言語に注目することは、生きた言語の教育を実践する道を閉ざしてしまう。言語として注目するべきは、むしろ具体的な言語活動従事においてその運営に関与することばのジャンルであり、その要素として立ち現れるものとしての語やフレーズである。こうした点について、ウィドウソンは次のように論じている。

> We cannot provide the learner with detailed scripts to follow: we can only give him **a set of guidelines** which will help him learn the parts he has to play. But how is this to be done? I think we need to reverse the conventional direction of dependency in the presentation of language: instead of focusing attention on language items (whether these are conceived of in structural or notional terms) and then devising activities contingently to facilitate their acquisition, we might **think primarily of activities which call for a contingent use of language** and which necessarily involve the engagement of the sort of procedures discussed in this paper. ... **Where one has language-dependent activities, the language is seen as the problem and the activities are used to solve it: where one has activity-dependent language, the reverse is the case.** The task for pedagogy in this view is **to devise problems which require learners to engage discourse procedures in some principled way so that they acquire language for use in the very learning process.**
> (Widdowson, 1984, p. 123)

ウィドウソンの言うように言語への注目の仕方を転換すれば、教育の方略として企画される第二言語習得の経路は、文型・文法事項などの個々の言語事項の習得の階梯のイメージから、学習者がその中で徐々に言語象徴機構を専有して言語活動に従事できるようになる一連の言語活動空間のイメージに転換される。そして、そうした言語活動空間で行われるのは、実際の言語活動の運営に

関与することば及びそれによってもたらされる行為や出来事、及びそうした中でのことばのジャンルとその要素としての語やフレーズを経験することとなる。

　学習者は自身では独自にはうまく運営できないそうした経験を言語活動の運営と維持に特別な技量を有する他者の支援を受けることで経験することができる。「言語活動の運営と維持に特別な技量を有する他者」として第一に挙げられるのは、言うまでもなく学習者との接触経験が豊富な言語教師である。そして、そうした支援のある言語活動従事の経験が第二言語の最近接発達の領域を形成し、第二言語発達のマトリクス（母体）を構成するのである（西口, 2015, pp. 142-147）。学習者はそうした経験を積み重ねることを通してことばのジャンルによって運営される言語活動従事の経験を蓄積し、その要素としての未習熟の語やフレーズに習熟していくことができる。こうして描き出されるのは、一連の段階的な言語活動空間とそれぞれの言語活動空間での、多方面的で輻輳的で機動的な言語象徴機構の私物化による、漸進的な第二言語習得のイメージである。

2-2　自己に根ざした「わたし」による表現活動という言語活動

　そうした言語活動空間の企画においては、コミュニカティブ・アプローチがしたように教室外にある実用的な言語活動に目を奪われてはならない。コミュニカティブ・アプローチでは、教室は「現実」の空間ではなく、教室の外こそが「現実」であって、その「現実」で行われる言語活動に注目しなければならないと考えられた。そして、「現実」で行われる言語活動の中でも、「依頼する」、「許可を求める」、「誘う」、「誘いを断る」などの具体的な実用を果たす言語活動が注目された。しかし、そのような種類の言語活動を教育課程に企画すると、教室の中での学習活動の中心は選ばれた言語活動の模擬演習とならざるを得ない。そして、それは、教室という空間に現にいる行動主体である各々の学習者たちがそれぞれの「わたし」として従事する言語活動とはならない。つまり、そのような企画の下では、学習者は他の学習者たちとともに教室の中に実際にいる「わたし」と「あなた」ではなく、教室の中に仮想された状況で学習者として振る舞う「わたし」と「あなた」になってしまう。そして、そこ

での言語活動従事は、教室の中に設定された状況での演技の練習になってしまう。それは、学習者各自の「わたし」のあり方に根ざした、「わたし」による言語活動従事ではない。

　教育課程として言語活動を企画するに際して表現活動中心の日本語教育が注目するのは、教室の中か外かを問わず時と場所を超えて維持される「わたし」としての言語活動である。それは各自の自己に根ざした、それぞれの「わたし」による「わたし」のための表現活動という言語活動である[3]。

2-3　表現活動中心の日本語教育の企画

　2-1で論じたようなイメージで「わたし」による表現活動の言語活動空間を企画することとなると、教育の企画の要諦は、ことばのジャンルの専有や、語やフレーズの習熟が無理なく進められるような一連の「わたし」による表現活動の言語活動空間を選定し、設定することとなる。表現活動中心の日本語教育では、基礎段階の言語活動領域として自分のことや身近な人のことや身近な物事の様子や出来事などについての言語活動である自己表現活動を選び、中級段階の言語活動領域としては現代社会で生きることをめぐる各種のテーマについて経験や見解を述べる・聞く・交換するというテーマ表現活動を選んだ。そして、各々の言語活動領域で、上の要諦を満たすように各種のテーマの言語活動空間を企画した。

　このような教育スキームは、本章の冒頭で紹介したニューマークとレイベル（Newmark and Reibel, 1968）の提案と合致するだけでなく、それは、実際の言語行使に関わる要因を阻害することなく学習者が実際の言語活動に従事し、それを経験できることに特別な注意を払ったスキームとなっている。そして、その教育スキームで主要な教育内容として育成がめざされるのは、さまざまなテーマについてのナラティブ的な言語技量（Widdowson, 1983）となる。

　3　この観点は、第8章末（p. 177）で論じるハイデガーの言う思索と詩作の発想とつながる。

3. ナラティブへの注目

3-1 人間の活動領域とことばのジャンル

文化的な人間の存在の圏界は形象世界（figured world、Holland, et al., 1998、西口, 2013, pp. 117-119）である。形象世界は、人間が社会文化史的に作り上げた存在圏である。わたしたちは自己をこの存在圏に示し、認知されて応答されることによって、「わたし」としての生を営んでいる。こうした人間の存在圏は、バフチンが「ことばのジャンル」（バフチン, 1952-53/1988）の冒頭で「人間のさまざまな活動領域」として言及したものに対応すると見ることができる。

バフチンが言うように、人間のさまざまな活動領域のすべてが言語の行使と結びついている（前掲書p. 115）。発話は、それぞれの活動領域の特殊な条件と目的を発話の構成に反映している。個々の発話はどれも個性的なものだが、言語の行使のどの領域も、発話の相対的に安定した諸タイプを作り上げている。それをバフチンはことばのジャンルと呼んでいる（前掲書pp. 115-116）。バフチンは続ける。

> ことばのジャンルの豊富さ、多様さには限りがない。というのも、多岐にわたる人間の活動の可能性はくみつくしえないものであって、それぞれの活動領域がことばのジャンルの一定のレパートリーをもち、このレパートリーは、当の領域が発達して複雑になるにしたがって、分化し成長するからである。
> 　　　　　　　　　　　　　　　　　　　（バフチン, 1952-53/1988, p. 116）

わたしたちは一定のことばのジャンルでもって話すのであり、わたしたちは話し言葉と書き言葉のことばのジャンルの豊かなレパートリーをもっている（前掲書p. 148）。ただし、1-3で論じたように、ことばのジャンルは客観的な実在ではない。

言語はわたしたちが活動を運営することにおいて枢要な役割を果たしている。それは、表面的な言語操作でも見せかけの演技でもなく、わたしたちの現実を構成するイデオロギー的活動（バフチン, 1929/1980）である。

3-2　社会文化史と自己

　われわれは、前項での言語活動はイデオロギー的活動であるという議論をル
リアの研究に接続することができるだろう。ヴィゴツキーの弟子であり共同研
究者であるルリアによるロシア革命直後のウズベキスタンでの研究は、人間が
社会文化史的に作り上げた活動領域と形象世界とことばのジャンルの関係をよ
く示している。以下のやり取りは、ルリアの研究の中からのデータである。見
やすいように、調査者はR、協力者はFと示し、発話の要約は（　）内に示し
た。

> R：（雪の降る極北では熊はすべて白い。ノーバヤ・ゼームリヤーは極北にあって
> 　　そこにはいつも雪がある。そこの熊は何色をしているか？）
> F：いろいろな獣がいる。
> R：（三段論法がくり返される。）
> F：わからないなあ。黒い熊なら見たことがあるがほかのは見たことない
> 　　し……。それぞれの土地にはそれぞれの動物がいるよ。白い土地であれ
> 　　ば白い動物、黄色い土地には黄色い動物が。
> R：ところでノーバヤ・ゼームリヤーにはどんな熊がいますか？
> F：われわれは見たことだけを話す。見たこともないものについてはしゃべ
> 　　らないのだ。
> R：さっきの話からはどうなりますか？（三段論法がくり返される。）
> F：…君の話に応えられるのは見たことのある者だけだね。見たことのない
> 　　者は君の話を聞いても言うことはできないよ。
> R：いつも雪のある北方では熊は白いとわたしは言いましたが、そこから
> 　　ノーバヤ・ゼームリヤーの熊はどのようだと結論づけられますか？
> F：60歳とか80歳の人で、その人が白熊を見たことがあって喋るなら信用
> 　　してもよいだろうが、私は白熊を見たことがないんだよ。だから話す
> 　　ことはできないんだ。私の言うことはそこに尽きる。

（ルリア, 1976, p. 157）

　調査者は巧みに協力者を質問と答えの流れに誘い込もうとしているのだが、

ロシア革命直後で学校教育を受けておらず読み書きのできない農夫は、調査者が期待する「正解」を言うことができない。かれらは、読み書きや学校での学習を通して自身の思考を客体化することで可能となる自覚的で随意的な思考を発達させていない声の文化（Ong, 1982、邦訳1991）の中で生きているのである。かれらには、ルリアが実験で扱った幾何学的な図形の認識、抽象的なカテゴリーによる分類、形式論理的な推論、ことばによる自己分析などはいずれも馴染みがなく、そうした領域に属する質問と答えの言語活動に「乗る」ことができないのである（ルリア, 1976）。

　ルリアの研究は、ヴィゴツキーが構想した心理発達の文化的－歴史的理論を経験的なデータによって裏づけるものとなっている。協力者の農夫たちは、何百年も続く伝統的な声の文化の中に安らかに暮らしていた。かれらはまぎれもなく当時のモスクワの都市市民やロシアの教養階級と同じ人間なのだが、農夫たちの認識活動の構造も、想像も、動機も、自己認識も、都市市民や教養階級のものとは大きく異なっていたのである。かれらは文字通り、伝統的な農業を営む人々、つまり農夫だったのであり、そういう者として自身を示すほかないのである。

　それに対し、当時のモスクワの都市市民やロシアの教養階級が声の文化に安住する農夫でないのと同じように、あるいはそれ以上に、21世紀の現代社会で一定以上の教育を受けた人々は、声の文化に安住する人間ではなく、テクストによって形作られた思考（text-formed thought、Ong, 1982）にたっぷりと浸された、高次の形象世界を主要な存在圏とする人間である。そうした人々の自己の重要な部分は、他者と共に従事する農作業とそれを基礎とした生活活動の運営を通して示されるのではなく、むしろ、テクストによって形作られた思考を交換し交渉することによって示されるのである。そして、そうした自己の示し方は、ナラティブ・モードの表現活動あるいはナラティブが主要部を占める言語活動となる。こうした理路から、現代の第二言語教育においては、ナラティブ的な自己表現活動が注目されるべきことが理解される。

3-3　心理学における人間の心への注目
　ブルーナーは、その後のかれの心理学研究を方向づけた『意味の復権』

（Bruner, 1990、邦訳1999）の「文化と心理学」と題された第1章第2節の冒頭近くで次のように論じている。

　　二、三の例外、特に有名なのはVygotskyの場合があるものの、われわれ心理学者は、言語の使用が種としての人類の性質に与えた大きな影響について追究しなかった。われわれは、文化の出現が、人間の適応や人間の機能に対して何を意味したかということを十分に把握するのに時間がかかった。…文化がその支配下で生きている人々の心に形を与える主要な要因となった時、人間の進化に境界線が画されたのである。自然の所産というよりもむしろ歴史の所産である文化は、今ではわれわれが適応しなくてはならない世界となり、また適応するための道具一式となったのである。そして、一旦境界線が画されると、事態は「自然な」心が付加物としての言語を単に獲得するというだけの問題ではもはやなくなった。そしてまた、文化は生物学的欲求を調整したり調節したりするというような問題でもなくなった。　　　　（Bruner, 1990, pp. 11-12、邦訳pp. 15-16、一部筆者改訳）

　ブルーナーは、文化のもつ構成的役割は人類学では当然のこととなっているが、心理学ではそうではないと指摘した上で、新しい心理学の出発点としてそれに注目することが重要である理由を3点挙げている。

1．個人にのみ基づいて人間心理を構築できないのは、人類が文化の中に参加し、文化を通して心的な能力を実現するからである。人間は文化の表現である。
2．心理が文化にすっかり浸されているとすると、心理は、人類を文化に結びつけている意味作用や意味使用の過程を中心にして組織されているにちがいない。文化に参加することによって、意味は公共的で、共有されるようになる。われわれが文化的に適応した生活ができるのは、意味や概念が共有されているからであり、さらに、意味や解釈の違いについて折衝するための談話モードが共有されているからである。
3．フォークサイコロジーが新しい心理学の中で重要な力を発揮する。

フォークサイコロジーは、何が人間をそのようにふるまわせるのかということを文化によって説明する。フォークサイコロジーは、科学的パラダイムに置き換えられるものではない。なぜなら、フォークサイコロジーは科学的心理学が扱おうとしない人間の志向的状態、つまり信念、欲求、意図、社会的関与などの本質や原因や結果を扱うからである。人間の心的機能と人間の生活を支配するフォークサイコロジーの力とは、文化がその必要に応じて人間を形作るまさにその手段を提供するという点にある。　　　　　　（Bruner, 1990, pp. 12-15、邦訳pp. 16-19を筆者が要約）

　こうした視座は、ヴィゴツキーの心理発達の文化的－歴史的理論や、先に紹介したルリアの研究と軌を一にするものである。そして、ブルーナーは、「すること」と「言うこと」という人間の活動の2つの側面を俎上にあげて、自身の新たな関心を説明している。

　　　「人が言うことは必ずしも人がすることとは限らない」という非難には、奇妙なねじれがある。これは人がすることの方が人が言うことよりも重要であり、より「事実らしい」と暗に言っている。あるいは、人が言うことはそれが人がすることについて何ごとかを明らかにできることにおいてのみ重要であると暗に言っている。それは、まるで、心理学者は、心的状態やそれらの組織化されたものと完全に手を切りたがっているかのようであり、「言うこと」というのは結局、人が考えたり、感じたり、信じたり、経験したりしたことを口にしているにすぎないと断定したがっているかのように見える。その一方で、**逆の方向での研究**、つまり、**人がすることは、人が考えたり、感じたり、信じたりすることをどのように示すかという方向での研究がきわめて少ないのは何とも奇妙なことである。**

　　　　　　　　　　　　　（Bruner, 1990, p. 17、邦訳p. 24、一部筆者改訳）

　ブルーナーの関心は、この太字強調部、つまり、逆の方向での研究、すなわち「人がすることは、人が考えたり、感じたり、信じたりすることをどのように示すかという方向での研究」にある。そして、そうした新しい心理学の中

心には「生活の中の日常的行為において、行為と言うこと（または経験すること）との関係は解釈できる」（前掲書p. 27、一部筆者改訳）という見解があると言う。ブルーナーは続ける。

　　文化志向的心理学は、言うこと、すること、そしてそれらが起こる状況との間には、公然と解釈できる適合性があるという立場をとっている。つまり、わたしたちが言うことの意味と、ある状況下でわたしたちが行うこととの間には、よく認められた標準的な関係があり、そうした関係がわたしたちがお互いにどのように生きることを営むかを支配しているということである。
　　　　　　　　　　　　　（Bruner, 1990, p. 19、邦訳p. 27、一部筆者改訳）

　このような心理学の見直しの結果、人間の生や心がブルーナーの関心の中心に位置づけられることになる。そして、それらが文化と密接な関係にあることをブルーナーは見据えている。

　　人間の生や心の形を決め、行為の基底にある志向的状態を解釈可能な体系に位置づけることによって行為に意味を与えるのは、文化であって生物学的なものではないということである。それは文化が有するシンボリックな体系 ── つまりある文化に属する言語や談話の様式、論理的、物語的な展開 ── の形式に固有のパターンや相互依存的な社会生活のパターンを考えることによってなされる。
　　　　　　　　　　　　　　　　　　（Bruner, 1990, p. 34、邦訳p. 49）

　このような経緯で、ブルーナーは、フォークサイコロジーを媒介項として物語がいかに経験を組織化していくか、またそれがいかにわたしたちの自己の表示に影響するかに研究の焦点を合わせていくことになる。そして、その研究はやがて『ストーリーの心理学』（Bruner, 2002、邦訳2007）へと発展していく。

3-4　ナラティブ・ターン

　『意味の復権』でのブルーナーの議論は、心理学におけるナラティブ・ターンと言ってよいだろう。ブルーナーは、人間の自己や自己の成り立ちというも

のを研究対象の中心に据えた。そして、文化が保有するストーリーや個人が語るナラティブなどを通してそうしたテーマを追究する道筋を示したのである。

　ブルーナーの仕事は、自己というものがその人のナラティブによって示されるという日常生活的には常識的な見方を心理学でも採用する道を拓いた。そして、直接的にもまた間接的にも、学問や教育におけるナラティブの地位を高め、それへの注目を促進することに貢献した。表現活動中心の日本語教育の構想の背景には、そのようなナラティブへの注目の拡がりがある。

　こうした人間の心の研究は、かれ自身が告白しているように、ブルーナーが「長年心の中に抑えつづけてきたものの復活」であった（Bruner, 1990, p. xv、邦訳p. ix）。そして、同書からも、また同書の約10年前に書かれたそれまでのかれの研究と他の研究者との対話の歩みを綴った自伝的なエッセイ『心を探して』（Bruner, 1983、邦訳1993）などからも、心理学者ブルーナーをそのような方向に導き、大胆にもそのような方向に踏み出すことを後押しした最も重要な研究者は、ロシアの偉大な心理学者ヴィゴツキーだと推察されるのである。

4. 結　び

　教育の企画にあたって、伝統的な第二言語教育では、ソシュール流のラングが優先的に習得すべき内容と見られ、目標言語の構造に注目して教育の企画が行われた。コミュニカティブ・アプローチの時代には、サールやオースティンの言語行為論やハリデーの機能文法の影響で「言葉で何かすること」に注目が向けられ、概念（notion）と機能（function）に基づく教育の企画が行われた（Finocchiaro and Brumfit, 1983）。一方で、コミュニカティブ・アプローチの時代には、目標活動状況分析（target situation analysis、Munby, 1978）に基づいて特殊目的のための言語教育も盛んに企画・開発され実践された。そして、CEFR（ヨーロッパ言語共通参照枠）公表後のヨーロッパや日本では、コミュニカティブ・アプローチの観点を継承しながら、1960年代から70年代に教育目標の分類学で使用された操作的な目標記述（ブルーム他, 1973）の考え方が復活したように「できること」（can-do statement）をユニットの目標として教育が企画さ

れるようになった。こうしたこれまでの第二言語教育へのアプローチに対し、表現活動中心の日本語教育では、自己表現活動やテーマについての表現活動に注目し、従事できるテーマの言語活動とそのために必要と予想される言語表現との調整に基づいて教育を企画している。その背景には、ヴィゴツキーやバフチンやブルーナーなどの言語や言語と思考についての視線がある。

バフチンが言うように、人間の活動の可能性には限りがない（バフチン, 1952-53/1988, p. 116）。また、言語が人間において可能にしていることに注目すると、それもバフチンの言う真のイデオロギー活動などを含めて、限りがない。現代の第二言語教育の企画を考える場合には、そうした言語の働きが拓いている膨大な高次の意味的世界に目を向ける必要があると思われる。

どのような関心の下にどのような内容で言語教育を企画するかは、企画者の根本的な言語に対する目線に関わるであろう。本章は、ヴィゴツキーやバフチンなどに触発されながら、大学生や大学院生を対象とした教育の企画と実践の創造に携わってきた一日本語教育者の教育実践の報告である。

文献案内

□ 基本文献

1. Newmark and Reibel（1968）*Necessity and sufficiency in language learning*

クラシェン（Krashen, 1982; 1985）の入力仮説や、クラシェンとテレル（Krashen and Terrell, 1983）のナチュラル・アプローチの先行者として、Newmark and Reibelのこの論文はぜひ読んでほしいと思います。幸い、アメリカのERICで公開されています。URLは、https://eric.ed.gov/?id=ED026895 です。

2. ブルーナー（1999）『意味の復権──フォークサイコロジーに向けて』 ※ Bruner（1990）の邦訳

自己とことばと文化という連関で言うと、まずはこの本が基本となります。ブルーナーのその後の研究を方向づける重要な一冊です。

□ 概　説

・オング（1991）『声の文化と文字の文化』　※ Ong（1982）の邦訳

　この章の内容としっかり対応しているわけではありませんが、ここでこの本を紹介しておきたいと思います。この本の主要なテーマは、言語の発達と人間の意識の史的発達がどのように関わっているかです。書くこととはどういうことか、話すことから書くことに言語のモードが発展したときそれはどのように人間の考えることの仕方に影響を与えたか、活字印刷の普及が人間の考え方や意識の総体にどのような影響を与えたか、リテラシーとは何か、など言語そのものをめぐるテーマについて考える際の必須の定番の本です。ことば学の入口として最初にお勧めする本はこれです。ちょっと厚い本ですが、ことば学のおもしろさがわかります。

□ さらに深めるために

1. ブルーナー（2007）『ストーリーの心理学——法・文学・生をむすぶ』　※ Bruner
（2002）の邦訳

　先に挙げた『意味の復権』から始まる晩年のブルーナーの到達点を示す本です。ブルーナーの博識が遺憾なく発揮されながらも、ひじょうに興味深く読み進めることができる本になっています。質的研究にもつながるストーリーの心理学の世界に誘ってくれます。

2. Holland, et al. (1998) *Identity and Agency in Cultural Worlds*

　バフチンの対話原理の人類学的な展開と位置づけるべき本です。言語教育的な関心としては、特に、第2章 "A practice theory of self and identity"（pp. 19-46）、第3章 "Figured worlds"（pp. 49-65）、第8章 "Authoring selves"（pp. 169-191）の3つの章を読むことをお勧めします。

3. ルリア（1976）『認識の史的発達』

　ヴィゴツキーの指導の下にルリアが率いるチームが、1931年から1932年にわたって中央アジアのウズベキスタンで行った大規模調査の包括的な報告です。ヴィゴツキーはその研究活動の当初から、系統発生、社会文化史、個体発生、微視発生という4つの発生領域を特定しています。そして、社会文化史と個体発生の領域について、人間の認識活動のあらゆる基本的形式は社会の歴

史の過程で作り上げられたものであり、社会的・歴史的発達の所産であると考えていました。ルリアのチームの調査は、そうしたヴィゴツキーの見解を立証することを目的としてヴィゴツキーの発意によって行われたものです。この本は、文化心理学の古典の一つとして現在でも読み継がれ、しばしば引用されています。

第6章

人間学とことば学として知識社会学を読み解く
─ 第二言語教育のためのことば学の基礎として ─

イントロダクション

　前章までは、主に言語と認知とコミュニケーションに注目して人間の言語活動とその中での言語の位置や働きについて考究してきました。本章から第8章までは、視野をより広げて、社会学や哲学や人文学全般でことばがどのように見られているかを検討します。

　本章で注目するのは、バーガー（Berger, P. L., 1929-2017）とルックマン（Luckmann, T., 1927-2016）の知識社会学です。社会の弁証法の3つの契機である外在化と客体化と内在化からなる人間学的必然性を基盤としてかれらが提唱した知識社会学は、人間とことばの見方に関して言語教育者に重要な洞察を与えてくれます。

はじめに

　教育の企画にせよ、授業の計画にせよ、第二言語教育について考える場合には、当該の言語についての研究やコミュニカティブ・コンピテンスなどの用語の下での言語コミュニケーションに関する研究が一般的に参照されてきた。それが第二言語教育を構想する場合のオーソドックスだということである。しかし、言語や言語コミュニケーション等についての見解を提出しているのは言語研究等の分野だけではない。例えば、言語哲学（バフチン、ウィトゲンシュタ

インなど）や発達心理学（ヴィゴツキー、ブルーナーなど）からも言語や言語コミュニケーション等についての重要な見解が提出されている。そして、それらはそれぞれの立場から第二言語教育学に対して洞察のある視点を提示している（西口, 2003b; 2013; 2015; 2017aなど）。社会学の理論はこれまで第二言語教育者が注目することのなかった領域であり、そこからも重要な見解と洞察のある視点が得られることが期待できる。こうした筆者の試みはいずれも、狭くなりがちな第二言語教育者の言語についての視野を拡大して、より広範な展望に立って教育の企画や教育実践の創造ができるようになることを意図したものである。

　そのような関心で注目されるのは、現代社会学の枢要な理論となっているバーガーとルックマン（Berger and Luckmann, 1966）及びバーガー（Berger, 1967）の知識社会学である。現代社会学の重要な見方である人間学的必然性（anthropological necessity）を明確な形で提示したかれらの理論は、同時に優れた人間学とことば学ともなっている。本章では、かれらの知識社会学を人間学とことば学として読み解き、言語の特性についての洞察を抽出する。結びで、第二言語教育学への橋渡しとなる議論もごく簡潔に行う。

1. 知識社会学

1-1　知識社会学とは

　バーガーとルックマン（Berger and Luckmann, 1966）によると、従来の知識社会学の関心は、理論レベルにおいては認識論的問題に、経験的レベルにおいては精神史の問題に向けられてきた。かれらはこうした問題設定の妥当性と重要性は十分に認めているが、あえてそうした認識論的問題と方法論的問題を排除すると宣言した上で、現実の社会的構成の分析を問題にする新たな知識社会学の構築をめざす。その新たな知識社会学では、理論的なものであれ前理論的なものであれ、また当該の知識の妥当性や非妥当性に関係なく、社会において知識として通用するものはすべて対象にされる。そして、いかなる知識体系であれ、それが現実として社会的に確立されるに至る過程を主要な関心とする。

この新たな知識社会学は、社会学理論の一つの試みである。そして、「主観的な意味が客観的事実性になるのはいかにして可能なのか」を社会学理論の中心的な問題であることを確認しつつ、知識社会学としては観念よりも常識的な知識こそが中心的な焦点にならなければならないと言う。「意味という織物を織り成しているのはまさしくこうした〈知識〉であり、この網の目を欠いては社会は存立し得ない」（Berger and Luckmann, 1966, p. 27、邦訳 p. 21）からである。以下では、こうしたバーガーとルックマンの知識社会学を単に知識社会学と呼ぶ。

知識社会学は Berger and Luckmann（1966）で初めて提示されたものであり、Berger（1967）の第1章はその議論を一層わかりやすく、そして凝縮した再論となっている。本章の目的のためには、後者がひじょうに有用なので、本節から第4節までは主としてそれを参照して議論を進めることとする。本節では知識社会学の中核をなす人間学的必然性とそこから導き出される客観的現実としての社会について論じる。引用中の〈　〉は英文原著では" "となっている。また、本章でのいずれの引用も表記法の変更なども含めて英文原典を参考にして一部改訳している。本文中では、必要に応じて原語を（　）内に示している。

1-2　人間学的必然性

バーガー（Berger, 1967）は、「社会は一種の弁証法的現象である」という基本見解を提示するところから知識社会学の議論を始める。この見解がマルクスの思想に由来することは言うまでもない。

> 社会は一種の弁証法的現象である。…**社会は人間の所産**である。社会は人間の活動と意識によって与えられるもの以外を何一つもっていない。人間を離れて社会的現実はあり得ない。ところが、**人間は社会の所産**であるということも言えるだろう。個人の生涯は社会史のうちのエピソードにすぎない。…社会のうちにあって他者との社会過程の結果としてこそ、各個人は一人の人間となり、アイデンティティを形成し維持して、そして彼の生涯を造り上げるさまざまな目標に取り組むのである。人間は社会を離れ

ては存在し得ない。 (Berger, 1967, p. 3、邦訳p. 4)

このような見解を示した上で、バーガーは速やかに社会と人間との間に成立している人間学的必然性 (anthropological necessity) としての弁証法の3つの契機、つまり外在化 (externalization)、客体化 (objectivation)、内在化 (internalization) を提示する。

> **外在化**とは、人間存在が物と心の両面の活動によって世界に絶えず流れ出すことを言う。**客体化**とは、この（物心両面にわたる）活動の所産によって当初の生産者に外在し疎外する事実として彼らに対立する現実が成立することである。**内在化**とは、この同じ現実の人間による再専有を言い、これをもう一度客観的世界の枠組みから内的意識の組成の中に変容せしめるのである。外在化を通してこそ社会は人間の所産となる。客体化によってこそ社会はまさに現実となる。また、内在化を通してこそ人間は社会の産物となる。
> (Berger, 1967, p. 4、邦訳p. 5)

これを図式的に示すと、図1のようになるだろう。こうした循環を通して社会の弁証法的運動が進行するのである。

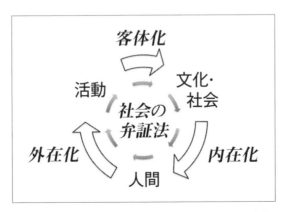

図1　人間学的必然性としての社会の弁証法の3つの契機

2. 外在化と客体化

2-1 外在化と文化

次にバーガーは、外在化は人間学的な必然性であると改めて指摘した上で、外在化という人間特有の現象について以下のように論じる。

> 人間でない動物は、高度に特化されしっかりと方向づけられた衝動をもって世界に参入する。その結果、その本能の構造によって多かれ少なかれ完全に決定された世界の中に生きる。動物の世界は生き方の可能性に関して閉じられている。…これに反して、出生時の人間の本能の構造は種族特有の環境に導く特化が希薄で方向づけもされていない。…人間にはヒトの世界がないのである。人間の世界は、彼の身体特性によっては不完全にしかプログラム化されていない。それは一種の開かれた世界である。つまり、人間自身の営みによって形造られるべき世界なのである。
>
> （Berger, 1967, p. 5、邦訳pp. 7-8）

そして、こうした人間の身体特性の特異性に基づく外在化が、人間が自身のために造り、自身がその中で生きる文化を創造することにつながるのである。

> 生物学的にヒトの世界をもちあわせないので、彼は人間世界を構築する。この世界は、言うまでもなく**文化**である。そして、文化の根本的目的は、**生物学的に欠けている生きることの確かな構造**を提供することである。
>
> （Berger, 1967, p. 6、邦訳p. 9）

こうして文化は、人間にとって「第二の自然」となるが、それは人間の所産であるがゆえに自然とは違った性質のものとなる。

> 文化は、**人間によって不断に生産され、再生産されなければならない**。だから、その構造は本来的に**不安定で変化するべき運命にある**。

2-2　文化と言語

　バーガーは文化には物質的な側面と非物質的な側面があることを指摘した上で、文化と言語について次のような基本的見解を提示している。

　　文化は人間による所産の総体からなっている。その一部は物質であり、他は物質ではない。人は、およそ思いつく限りの多種多様な道具を作り出し、それらを用いて物理的環境を修正し自然を自身の意思の下に変形する。人はまた言語を作り、これをもとにこれを手段にして生活の全面に行きわたる**壮大な象徴の殿堂**を建設する。非物質的な文化の産出は、つねに環境を物理的に修正する人間の営みと相たずさえて進められてきた、と考えてよい理由は充分にある。　　　　　　　　（Berger, 1967, p. 6、邦訳p. 10）

　ここに言う「壮大な象徴の殿堂」は、バフチンの言うイデオロギー体系（バフチン, 1929/1980; 1930/2002）に相当すると見てよいだろう。そして、バフチンにおいては、まさにそうしたイデオロギー現象の現実やその生起に言語（記号）が本源的に関与していることをイデオロギー学としての記号学（桑野, 2002）として論じているのである。

2-3　文化と社会

　続いてバーガーは、文化と社会について次のような基本的見解を述べる。

　　社会は、言うまでもなく非物質文化の重要な部分にほかならない。社会は、人間が仲間と不断の関係を構成する非物質文化の一側面である。
　　　　　　　　　　　　　　　　（Berger, 1967, pp. 6-7、邦訳p. 10）

　しかし、社会について重要な点はそれだけではない。社会は文化形成の中で特権的な地位を占めると指摘してバーガーは次のように論じている。

世界構築という経験的現実はつねに社会的なものである。…人々は共に道具を作り、言葉を発明し、価値を信奉し、制度を工夫して作る。文化への個人の参与は、社会過程（すなわち、社会化とも呼ばれる過程）に依存するばかりか、彼が引き続いて文化的に存在できるかどうかは、彼が特定の社会構成を維持できるかどうかにかかっている。だから、社会は文化の所産であるばかりか、**文化の必要条件**なのである。社会は人々の世界構築の営みを組織し、配分し、調整する。そして社会においてのみ、こうした営みが産み出すものは時間を克服して持続するのである。

（Berger, 1967, p. 7、邦訳p. 12）

　そして、ここに言う「時間を克服して持続する」ものが、客体化されて客観的な現実性を帯びるのである。社会学の研究対象となるのは、こうした客観的な事実性である。

3. 知識社会学の人間観

3-1　社会と人間

　客観的現実の地位を得るに至った社会は、人が棲む世界を提供する。

　社会は客観的現実として、人が棲む世界を提供する。この世界は個人の生涯を包み込み、生涯は一連の出来事としてその世界の中に展開する。実際、個人の生涯は、それが**社会的世界の意味ある構造の中で理解される限りにおいてのみ客観的にリアル**なのである。…言い替えれば、自分の人生は、それが本来的に客観的現実なる性格をもつ社会的世界のうちに置かれるときにのみ、自分にも他人にも客観的にリアルなものに見えてくるのである。

（Berger, 1967, p. 13、邦訳p. 19）

　そして、より詳細に言うと、社会の客観性は社会の構成要素のすべてに及ぶ。

制度、役割、アイデンティティはすべて社会的世界の中で客観的にリア
　ルである。…例えば、特定の社会における性別の制度化としての家族は、
　客観的現実として経験され捉えられている。制度は、外在的で強制的にそ
　こにある。そして、それは個人生活のこの特定の領域にその**既定のパター
　ンを押しつける**のである。　　　　　　　（Berger, 1967, p. 13、邦訳p. 20）

バーガーは役割を例としてこうした事情を説明している。

　　例えば、夫、父親、または伯（叔）父の役割は、個人の振る舞いのモデ
　ルとして客観的に規定されているし、利用される。こうした役割をするこ
　とによって、〈ただの〉偶然のこととは自分にも他人にも思われないよう
　な形で個人は制度的客観性を見せるようになるのである。彼は、物的な衣
　服や装身具を〈身につける〉のと同じようなふうに文化的対象の一つとし
　て役割を〈着る〉ことができる。　　　　（Berger, 1967, p. 14、邦訳pp. 20-21）

そして、こうしたことが次項で論じる内在化のプロセスの始まりとなる。

3-2　客体化された世界の内在化

制度や役割などを上のように活用しているだけでは内在化とは言えない。

　　内在化とは、むしろ、**客体化された世界構造が意識自体の主観構造を決
　定するほどに客体的世界を意識内に吸収しつくす**ことである。つまり社会
　は、今や**個人意識にとってその形成機構として働く**のである。内在化が生
　じた上では、個人は今や客体化された世界の諸要素を外在的実在として捉
　えると同時に、意識内の現象として捉えるのである。

　　　　　　　　　　　　　　　　　　　（Berger, 1967, pp. 14-15、邦訳p. 22）

　つまり、夫や父親などの「役割を〈着る〉」のではなく、自身はまぎれもな
く夫や父親であると捉えておのずとそのように振る舞うようになるのである。
そして、ふと振り返ったときも、「自分はこの女性の夫である」や「自分はこ

の子の父親である」などと自覚するのである。

　ここにおいて社会学的認識が心理学的認識と重なり合うこととなる。社会化のプロセスである。

　　　心理学で言えば、もちろん社会化は学習過程の一つである。新しい世代は、文化の意味づけのうちに招じ入れられ、そこで既成の仕事に参与し、その社会構造を構成する役割とアイデンティティを受け入れるようになるのである。　　　　　　　　　　　　　　　　（Berger, 1967, p. 15、邦訳pp. 22-23）

　こうして彼は社会という意味づけ世界の体系を充填された人間となるのである。そして、そのような存在となった彼は、以下でバーガーが言うように、今度は意味づけ世界の中でその役割の代表者の一人になる。

　　　個人は客体化された意味を学びとるばかりでなく、それに同一化し、それによって造形されるようになる。彼は、自分の中にそれを引き入れ、彼自身の意味にしていく。彼はこうした意味を所有する者になるだけではなく、それを代表しそれを表現する者になるのである。

　　　　　　　　　　　　　　　　　（Berger, 1967, p. 15、邦訳p. 23）

　このようにして内在化の過程が進行し、社会発展の弁証法の3つの契機の一つとして有効に機能するのである。こうした見方が、「人間は社会の産物である」という知識社会学の人間観となるのである。

　本節の最後として、こうして構成された主体を中心として人々による世界構築の営みを眺めてみることにする。上のように構成された各個人は、制度的にも、役割としても、アイデンティティにおいても、自身による外在化とその産物についての他者の承認と応答によって、自身と他者とで協働的かつ共同的に出来事や世界を構築して、同時にその中に生きる存在となる。つまり、いずれの個人も、一方で世界構築者の一人となり、他方で他者たちに適正に承認し応答されてこそ，その企てが達成される他者依存的な存在となるのである。そして、世界は、すべてのメンバー間におけるこうした構築的でありつつ他者依存

的な相互的関係の上に構築され維持されるのである。

4. 知識社会学の言語観

4-1　意味秩序あるいはノモス

　宗教現象に対して知識社会学の理論的な視角を適用しようとする試みである
かれの本の第1章の終わり近くで、バーガーはノモス（規範秩序）の概念を用
いて世界の客体化の営みと人間の関係について再度論じている。

> 　社会的に構築された世界は何にもまして経験の秩序化だとの命題が設定
> されても、今なら理解してもらえるだろう。一つの**意味秩序**すなわち**ノモ
> ス**は、**個人の個別の経験と意味づけの上に押しつけられる**。社会が世界構
> 築の企てだということは、それが秩序化すなわちノモス化の営みだという
> ことである。…人は、他の動物が与えられているような秩序化の機構を生
> 物学的には与えられていないので、やむなく**彼の自前の秩序を経験の上に
> かぶせざるを得ない**。人間の社会性は、この秩序づけの営みが集合的に行
> われることを前提としている。
>
> （Berger, 1967, p. 19、邦訳p. 28）

　引用中の「社会が世界構築の企てだ」という中の「社会」には、その企てが
人々の間で行われるとの意味が込められている。「集合的に」の部分も同様で
あることは言うまでもない。そして、こうした議論の流れでようやく言語が主
題的に論じられることとなる。バーガーは、経験の秩序化が、社会的世界の客
体化だけでなく、社会的相互作用にも及ぶと指摘するところから始める。

> 　経験の秩序化は、あらゆる種類の社会的相互作用に及んでいる。社会的
> 行為はすべて個人の意味づけが他者に向けられていることを含意し、進行
> する社会的相互作用は、行為者たちの一群の意味づけが統合されて一つの
> 共同的な意味の秩序になることを含意している。
>
> （Berger, 1967, p. 19、邦訳pp. 28-29）

ここに言う「含意している」（原語はimply）というのは、そのように取り扱われるべきことが織り込まれているということである。ゆえに、「社会的行為はすべて個人の意味づけが他者に向けられていることを含意し」というのは、社会的相互作用に直接に関与する当事者も、またその傍観者であっても、社会的相互作用に従事したり目撃したりしたときは、個々の社会的行為には行為主体の意味づけが織り込まれているものと受け取って、その意味づけを知る努力をするべしという要請が常に働いているということである。そして、それに続く部分は、社会的相互作用については行為者たちの意味づけが全体として特定の共同的な意味の秩序になるはずだと考えて、そのように理解しようとするべしとの要請が常に働いているということである。

　一つの共同的な意味の秩序が見て取られる以前の行為というのは、表情や視線などをも含む振る舞い方の物理的な様子と話しぶりも含めた発せられた言葉の音声にすぎない。ゆえに、社会的相互行為を一つの共同的な出来事として理解することやそのように理解しつつそれに参画することの中枢部は、振る舞い方の物理的な様子に包まれながら発せられた音声を当該の脈絡における特定の発話として定位することとなる。発話は、いわば社会的相互行為の上に対話者相互の共通の領域として立ち現れるものとなる。これが具体的な社会的相互行為における発話＝言語の存在形態である。

4-2　ノモスを作り上げる言語

　意味秩序あるいはノモスというのは、発話の意味的な側面だと言ってよい。そして、そうしたノモスと発話の形態の共起が慣習化し沈殿したものが客観性としての言語である[1]。そうした客観性としての言語についてバーガーは次のように論じている。

　　言語という事実は、たとえ単独で採り上げられたとしても、経験に秩序を課すものであることが容易に理解される。**言語は、進行する経験の流動に区別と構造を課すことによってノモスを作り上げる**。経験の一項目が名

1　ただし、客観性と言っても、6-2で論じるように、言語が客観的に実在するということではない。

づけられると、それは事実上経験の流動から採り上げられてその名通りの実在として安定性を与えられる。　　　　　　　　　（Berger, 1967, p. 20、邦訳p. 30）

　経験は、形を整えた事態や出来事として世界から与えられるものではない。人は言語の働きに依拠して世界の一側面を言語的な事態や出来事として経験するのである（Slobin, 2000, p. 107）。言語は、まだ形を得ていない未定形の経験の流動に「これであってあれではない」（Berger, 1967, p. 20、邦訳p. 30）という区別（differentiation）と社会が「知っている」共同的な解釈の仕方（Berger, 1967, p. 20、邦訳p. 30）に準じて構造（structure）を課す。前者は、言語の働きに依拠して、わたしたちは未定形の経験の流動の特定部分に注目してそれを一項目の特定の事態や出来事として捉えるということである。そして、後者は、そうして事態や出来事を捕捉しつつそれらを事態や出来事の特定の流れや展開として捉えるということである。

　前者については、それが文法的な構成になっていることを認めて、語彙に統語法と文法を付け加えることによって事項間の関係に基本的秩序が与えられ、さらに性や数や名詞や動詞などの細かい言語的指定も加えられると論じている（Berger, 1967, p. 20、邦訳p. 30）。

　一方、ここに言う構造（structure）が文法的な言語構造を指しているのではなく、経験の秩序化や構造化である点には注意を要する。この構造に関してバーガーはさらに次のように論じている。

　　言語を基盤にし言語を材料にして、一つの社会に〈知識〉として通用する**認識と規範の殿堂**が築き上げられている。あらゆる社会は、**社会が〈知っている〉**ことにおいて、**経験に共同的な解釈の仕方を当てはめ**、やがてそれは先に論じた**客体化のプロセスを通じて〈客観的知識〉**となるのである。…**社会的に客体化された〈知識〉**の多くは、理論以前のものである。それは、解釈の大要、道徳上の処世訓、及び伝統的知識の集合などからなり、それらは多くの場合に一般人と理論家の間で共有されている。…あらゆる社会はその成員に対して**客観的に利用可能な〈知識〉**を提供している。社会に参加するということは、その社会の〈知識〉を分かち合うこ

と、つまりその**ノモスに共に棲む**ことなのである。

（Berger, 1967, pp. 20-21、邦訳pp. 30-31）

　こうした議論は、後述の4-3の議論と重なるものである。続いてバーガーは、こうした社会的に客観化された知識あるいはその総体であるノモスは、社会化の過程を通して内在化されると言う。

　　客観的なノモスは社会化の過程を通して内在化される。客観的なノモスはそのように個人に専有され、彼自身の主観的な経験の秩序化となる。そうした専有によってこそ、**個人は自分の生涯を意味あるものにすることができる**。過去の生活の一貫性を欠くあれこれの要素は、自分や他人の状況について**彼が〈客観的に知っている〉**ことの観点から秩序化される。また、進行する経験もそうした秩序の中に統合される。…未来は、未来に向けて投射されたそうした秩序のおかげで有意義な形を整える。言い替えれば、**社会的世界に住むことは秩序だった有意義な生活をすること**なのである。社会は、その制度的構造において客観的にばかりでなく、個人の意識を構造化することにおいて主観的にも、秩序と意味づけの守護者なのである。

（Berger, 1967, p. 21、邦訳p. 31）

　そして、再確認する形となるが、こうした主観的経験の意味づけと秩序化も言語を基盤に言語を材料として行われる。つまり、言語と意味秩序あるいはノモスは志向的な関係にあるのである。

4-3　ノモスと言説

　さて、ここまでのところでは、バーガーが"language"と言っている部分はすべて「言語」としてきた。しかし、いずれにおいても論じられている「language＝言語」は、言語学が研究対象とする構造的システムとしての言語というよりも、むしろ発話（utterance）やディスコース（discourse）、及びそれらが沈殿した客観性としての言語である。ここではそれらを代表して言説という用語を用いて一つの指摘をする。

前項の引用で言及されている「進行する経験の流動に区別と構造を課すことによってノモスを作り上げる」言説とは何か、あるいは「解釈の大要、道徳上の処世訓、及び伝統的知識の集合」とは何であろう。ここにおいてわれわれは知識社会学とフォークサイコロジー（Bruner, 1990）の重なり部分を見出すのである。ブルーナーはフォークサイコロジーについて次のように説明している。

　　　　フォークサイコロジーとは、人間がいかに「暮らしていく」のか、われわれ自身の心と他の人々の心はどのようなものなのか、ある状況下での活動がどのようなものと予想できるのか、許容されている生き方はどのようなものか、人はそれにどのように関与しているのか、などについて、それらを多少とも関連づけながらある種標準的な形で示すものである。…それによって人々が、社会における経験、社会についての知識、また社会との関係のもち方を組織するシステムである。　　（Bruner, 1990, p. 35、邦訳p. 50）

　両者の関係は、社会学的に言うとノモスで、心理学的に言うとフォークサイコロジーだと見るのが適当であろう。より詳しく言うと、仮に外在するとされる仮想的な規範秩序（「普通」の体系）がノモスで、特定の文化集団の各メンバーに内在化されて「普通」の認識や行為の源がフォークサイコロジーだということになる。そして、前者は社会学の対象で、後者は心理学の対象となる。そして、言説は「進行する経験の流動に区別と構造を課すことによってノモスを作り上げ」、そうして立ち現れた言説は個人の経験と他者及び社会から認識される経験を架橋する共通の領域となるのである。そして、この論点は、次の第5節の議論へとつながる。

5. 言語についての議論

5-1　記　号
　以上のように知識社会学の人間観と言語観を確認した上で、本節では改めて知識社会学で言語と言語コミュニケーションについてどのような議論が

行われているかを見る。バーガーとルックマンは、人間の表現作用（human expressivity）という根本のところから言語と言語コミュニケーションについての議論を始める。

　　　人間の表現作用は客体化され得る。つまりそれは、その表現を産み出した人と他者の双方にとって**共通の世界における要素として利用可能な人間的行為の産物の中に、自らを顕現する**。こうして客体化されたものは、その産出者の主観的過程を示す多かれ少なかれ**持続的な標識**として役立ち、さらにそれが直接的に捉えられる対面的状況を超えて利用することを可能にする。…私たちの日常生活の現実はこうした客体で充たされているだけでなく、**現実はそうした客体によってのみ可能**である。私は常に私の仲間たちの主観的意図を〈宣言〉している諸々の対象に取り囲まれている。
　　　　　　　　　　　　　　（Berger and Luckmann, 1966, p. 49、邦訳pp. 53-54）

　ここに言う「仲間たちの主観的意図を〈宣言〉している諸々の対象」というのは、記号的存在一般のことである。こうした一般的な認識の上で、バーガーとルックマンは、記号の現実における存在様式について考察する。

　　　客体化ということの特殊な、しかし決定的に重要な現れ方は、意味づけるということである。つまり、人間による記号の産出である。記号は主観的意味の標識として役立とうとするその明白な意図によって、客体化された他の事物から区別することができる。
　　　　　　　　　　　　　　　　（Berger and Luckmann, 1966, p. 50、邦訳p. 55）

　バーガーとルックマンは、「X」という記号とナイフを例として記号の性質を説明している。例えば、ある日「わたし」がある人とひどい口論をして、相手が強い敵意を顕わにしていたとする。その夜、ふと目がさめた「わたし」はベッドの上の壁にナイフが突き刺さっているのを発見する。その物体としてのナイフは相手の強い敵意を象徴的に表現するものとなる。それに対し、ナイフを突き立てるのではなく、壁に「X」と書きつけてあった場合、その「X」は

やはり相手の敵意を表現するであろう。しかし、「X」の場合は、相手の主観的意図を示唆すること以外は何の目的ももたないし、それ以外に何も示さない。こうしたものが、敵意を象徴的に表現するナイフの場合とは異なる、主観的意味の標識となる記号だということである。バーガーとルックマンはこうしたものを「最初から記号として用いられることを明白に意図して客体化されるもの」(Berger and Luckmann, 1966, p. 50、邦訳 p. 55) と説明している。このように主観的意味の標識たること以外に何の目的ももたない産物だというのが記号という客体の根本的な性質なのである。

5-2　言　語

　各種の記号体系の中でもわたしたちの世界構築の営みの中で特別な位置を占めるのが言語である。

　　　日常生活の共通的な客体化ということは、根本的に言語による意味づけによって維持されている。日常生活とは何よりもまず私が**他の仲間たちと共有している言語を伴った、そしてまた言語という手段を介しての生活で**ある。それゆえ、言語を理解することは日常生活の現実を理解するために必要不可欠となっている。

　　　　　　　　　　　　　　(Berger and Luckmann, 1966, pp. 51-52、邦訳 p. 57)

　言語はこのように日常生活を営む上で枢要な役割をしているだけでなく、以下に論じられているように、具体状況からの分離可能性という性質に基づいて、文化や社会の歴史的な再生産の過程においても枢要な役割を果たしている。

　　　言語は対面的状況の中にその起源をもっているが、容易にそうした場から分離することができる。…言語の分離可能という性質は、それ自体の基本的性質として〈ここといま〉という主観性の直接的表現以外の意味も伝達できるところにある。…言語はその無限の多様性と複雑性によって、他のどんな記号体系（例えば身振りの体系のようなもの）よりも、はるかに容

易に対面的状況から分離することができる。例えば、私は、直接の経験が
ない、あるいは直接経験することなど決してない事柄をも含めて対面的状
況には全く存在しない無数の事柄について語ることができる。このよう
に、言語は**意味と経験の膨大な蓄積の客体的な貯蔵庫**となることができる
のであり、次いでこうした**意味や経験を時間を超えて保存し、それらを後
続世代に伝える**ことができるのである。

（Berger and Luckmann, 1966, p. 52、邦訳p. 58）

　こうした「客体的な貯蔵庫」のことをバーガーとルックマンは「知識の社会
的在庫」（Berger and Luckmann, 1966, p. 56、邦訳p. 64）とも呼んでいる。そして、
「客体的な貯蔵庫」あるいは「知識の社会的在庫」の成り立ちと維持に言語は
直接に関与しているのである。
　ちなみに、前節でも指摘した点だが、Berger（1967）と同じくBerger and
Luckmann（1966）も一貫して"language"という用語を用いており、本章でも
単に「言語」と訳しているが、実際には多くの場合むしろ言説（discourse）と
したほうがより適当である。ただ、当該の現象をごく一般的に言及する用語と
して「language＝言語」としていることは理解できるし、本章でもそのような
用語法に準じている。ただし、本項の最初の引用の第1文の中の「言語による
意味づけによって」の部分の「言語」や、4-2の議論での「言語」は、実際の
言説というよりもむしろ、言語を象徴化機構として捉えていると見ることがで
きる。

5-3　2種類の現実経験に関わる言語
　バーガーとルックマンは、言語が有する、対面的相互行為と自己内の言葉に
関わる役割についても言及している。

　　対面的状況においては、言語はそれを他のいっさいの記号体系から区別
する相互性という固有の性格をもっている。会話における継続的な音声記
号の創出は、対話者たちの進行中の主観的意図と敏感に同期化される。つ
まり、私は思いついたことを口にするし、相手もそうする。そして、二人

はいずれも相手が言ったことを事実上まさにその瞬間に聞くのである。これが、二人の主観性への不断の、同期化された、相互的な接近を可能にするのである。それは、他のいかなる記号体系も真似することのできない対面的状況における間主観的な緊密性である。

（Berger and Luckmann, 1966, p. 52、邦訳p. 58）

自己内の言葉については以下の通りである。

　　私は話しながら**自分自身を**聞くのである。そうすることによって、私自身の主観的意味は私にとって客観的で持続的に利用可能なものとなり、事実上、私にとって〈より現実的〉なものになるのである。…いまや私が私自身の存在を言語という手段を用いて客体化するので、私自身の存在は、それが他者にとって利用可能になるのと同時に、私自身にとっても圧倒的かつまた持続的に利用可能になる。そして、私は意識的にあれこれと考えることに煩わされることなく、自然に私自身に対応することができるようになる。つまり、言語は私の主観性を私の話し相手に対してだけではなく、私自身に対しても〈より現実的〉なものにしてくれる、ということである。私自身の主観性を私に対して結晶化させ安定化させるという言語がもつこの能力は（若干の修正を伴うとはいえ）言語が対面的状況から分離された場合でも保持される。(Berger and Luckmann, 1966, pp. 52-53、邦訳pp. 58-59)

　このように言語は、対面的状況の中での間主観性及び「わたし」の中で「わたし」の主観性を形成する機構としても働いて、わたしたちが現実を経験することに直截に関与しているとバーガーとルックマンは主張している。

6. 言語についての洞察

6-1　ノエシスとノエマ
　知識社会学は現象学的な観点をその基礎に置いている。現象学ではノエシス

（noesis、経験される仕方）とノエマ（noema、経験されるものやこと）の相関関係において世界とそれについての主体の経験を捉える。ノエシスとノエマの相関関係についてラングドリッジは次のように説明している。

> 伝統的な哲学や多くの現代哲学では（そして日常的思考でも）、対象と主体の間には区別がなされている。主体とは対象を認識する人間のことである。ややざっくばらんに言えば、主体とは、考え、行為し、知覚する人間であり、他方、対象は知覚されるものであり、いつもではないがしばしば、椅子とか机といった物質的な物体である。フッサールはしかしながら、すべての経験は（何か）についての経験であると主張し、そうすることで主体と対象の間の分別を、経験されるもの（ノエマ noema またはノエマ的相関）と経験されるしかた（ノエシス noesis またはノエシス的相関）の相関関係に変形させようとする　　　　　　　　　（ラングドリッジ, 2016, p. 18）

現象学ではノエシスとノエマの間の関係性は普遍的であって、分離することができないと考える。ノエシスとノエマの相関関係は志向性と呼ばれる。そして、知識社会学では、日常生活の経験について、志向性の概念を用いて以下のように論じている。

> **意識は常に志向的なものである**。それは常に対象を志向するか、あるいは対象に向けられている。われわれは決して意識そのものというような推定上の基底のようなものを捉えることはできない。捉えることができるのは**ある何物かについての意識**だけである。このことは意識の対象が外部の物質的世界に属するものとして経験されるか、それとも内部の主観的現実の要素として捉えられるか、のいずれを問わず当てはまる。例えば、私（以下の例示の場合と同様、ここでも日常生活において通常の自己意識を表している一人称単数としての私）がニューヨーク市のパノラマを眺めていようと、心の不安に気づくようになろうと、いずれの場合でもその意識過程は志向的である。　　　　　（Berger and Luckmann, 1966, p. 34、邦訳 p. 30）

そして、「私」が直接に関与する日常生活を中心に時空間的に拡がる多元的な世界に棲むわたしたちにおいては、ノエシスとノエマの相関関係は、現実のさまざまな領域の構成要素として意識に現れることになる。

　　さまざまな対象は、現実のさまざまな領域の構成要素として意識に現れる。…私の意識は現実のさまざまな位相の間を移動してゆくことができる。換言すれば、私は世界を多数の現実から成るものとして意識しているのである。　　　　　　　　　　　　　（Berger and Luckmann, 1966, p. 35、邦訳p. 31）

　こうした現象学的な観点の下にバーガーとルックマンはわたしたちが日常的に用いる言語について次のように論じている。

　　日常生活で用いられる言語は必要な客体を絶えず私に提供し、秩序を設定してくれる。そしてそうした秩序の中で諸々の客体は意味をなし、そうした秩序の中でこそ日常生活は私にとって意味をなすようになる。私は地理的に名称を付与された場所に住んでいる。私は缶切りからスポーツ・カーに至るまで、私の社会がもつ技術的語彙の中で名称を付与されたさまざまな道具を使用する。また私はチェス・クラブからアメリカ合衆国に至るまでのさまざまな人間関係の編み目の中に棲んでおり、これらもまた語彙という手段によって秩序づけられている。このように、言語は社会における私の生活の座標系を示すと同時に、生活を意味ある対象によって充たすのである。　　　　　　　　（Berger and Luckmann, 1966, pp. 35-36、邦訳p. 32）

　つまり、言語はノエシスとノエマの相関関係のノエシスと位置づけられるのであり、言語はノエシスとしてわたしたちに日常生活で生きるための重要な糧を不断に提供してくれるのである。

6-2　世界構築の営みにおける言語の位置
　以上で論じたように、知識社会学では、言語を基盤にし言語を材料として、客観的現実が映し出され、それが共有され、また主観的に現実が経験されると

考える。しかしながら、そのように現実や経験の基盤となり材料となる言語そのものも実は所与のものではなく、外在化と客体化と内在化という弁証法の3つの契機に基づく産物なのである。つまり、社会的現実であれ、経験であれ、言語であれ、所与で確定したものは何もなく、すべてが弁証法の契機の循環の中で造り続け、維持し続けられるほかないのである。言語を含めて文化はすべて「本来的に不安定で変化するべき運命にある」（Berger, 1967, p. 6、邦訳p. 9）のである。ゆえに、ノエシスとノエマの相関関係そのものも歴史的な変化の相に晒されざるを得ない。

　しかし、そうした中で、やはり言語はわたしたちが日常生活の現実を構成する上で基軸となるだろう。バーガーも、社会の威圧性の模範的な事例として言語を挙げている（Berger, 1967, p. 12、邦訳p. 18）。たとえそれが長い時間の単位で見ると変化するものであろうと、わたしたちは言語なくしていかなる経験もできないし、社会的相互行為もできないし、言語なくして社会について語ることもできないからである。事情はどうあれ、言語は、観察可能なノエシスの側面を備えながら、個人の意識の形成に関わり、わたしたちの相互行為に関わり、また社会学などの理論的認識の創出にも関与する。わたしたちの経験とわたしたちの認識活動はすべて言語に依拠せざるを得ないのである。そして、わたしたちは「束の間の安定性」の言語に依拠して、さまざまな人と出会い交わって、まったく同じことは決して起こらず、常に未来に開かれた日々の生活を送っているのである。

7. 結 び

　言語の具体的な実現体は言うまでもなく発話あるいはディスコースである。4-3で論じたように、言説は個別状況的な外在化と社会文化史的な客観性の合流点あるいは融合体だと見ることができる。そして、言説はさらに文法的構造という側面ももっている。つまり、言説は、具体的な脈絡における個別的な産物であり、同時に社会文化的契機の歴史的な沈殿物でもあり、そして、その外形に目を向けると文法的構造が現れてくるということである。そして、われわ

れがはっきりと自覚的でなければならないのは、そのように言説の形式の側面に注目しそれが現下の実在であると扱い始めた瞬間に言説はその生命を失い、物と化すということである。言語の物象化である。

現代の第二言語教育は、抽象的な言語体系であるラング（ソシュール）を教育内容として設定するところから始まった。つまり、言語の物象化から始まったのである。現在では、人間のコミュニケーション活動が注目されて、社会言語的能力などを含めたコミュニカティブ・コンピテンス（Canale and Swain, 1980、Canale, 1983）が教育内容として扱われるようになった。しかし、そこでもしばしば物象化された言語表現が教育内容として扱われ、教育が実践された（Widdowson, 1983）。

第二言語教育の目標として抽象化された知識や能力の習得を設定することには一定の妥当性があるだろう。問題は、実際の学習活動の中でそうした知識や能力に学習者にどのように関わらせるかである。本章で直接あるいは間接に論じたように言語の現実の様態は言説であり、言説は人と人との対話の脈絡でこそ生きているものである。言語の歴史的な側面は言説の中に折り込まれており、言語の抽象的な側面は言説の中に埋め込まれているわけだが、言説が現実を構成する契機として働き得るのは対話の脈絡にあってこそ、である。第二言語教育者は、言説のこのような成り立ちと特性を十分に考慮して教育の企画や授業の計画と実践を行わなければならない。

一方で、本章で論じた言語の特性に鑑みるならば、第二言語教育に関わる研究としては、第二言語の学習者や使用者が関与する社会的相互行為を研究対象とする場合に、取り交わされた言葉を書き起こして、ただ単に各発話の形態や発話相互の関係を記述したり、やり取りの構造を記述したりするにとどまっていてはならない。むしろ、そこで働いている接触場面特有の心理言語的なダイナミクスにこそ目を向けるべきであろう。そうしたスタンスでの研究を行ってこそ第二言語の習得と教育に一層関連する知見が得られるであろう。また、最近第二言語教育学の一領域としてライフストーリーの手法を採用する研究が行われているが、そうした研究を行うにあたっては、ライフストーリーとして現象を捉えることの前提として本章で論じたような人間観や言語観があることを認識しておく必要があるだろう。

文献案内

□ 基本文献

バーガー（2018）『聖なる天蓋 ── 神聖世界の社会学』 ※ Berger（1967）の邦訳

　本書では新曜社版の単行本のバーガー（1967）を参照していますが、現在はこの文庫版が出ています。本書の第1章「宗教と社会」（pp. 13-56）はバーガーとルックマンの知識社会学の格好の概説になっています。この第1章を読むことを勧めます。

□ 概　説

　該当する本はありません。

□ さらに深めるために

バーガーとルックマン（2003）『現実の社会的構成 ── 知識社会学論考』 ※ Berger and Luckmann（1966）の邦訳

　本章の主要部であるバーガーとルックマンの知識社会学を包括的に理解するためには本書を読むのが適当です。日常生活における知識の基礎（第1部）、客観的現実としての社会（第2部）、主観的現実としての社会（第3部）に分けて、知識社会学の理論が包括的に論じられています。デュルケームとウェーバーを双璧とする社会学の理論の大きな脈絡も理解できます。

第7章

そのモノ、多面的につき、取り扱い注意！
― 第二言語教育にとっての言語論的転回の意味 ―

イントロダクション

　20世紀に入って、哲学、社会学、人類学、心理学などの分野で人文現象における枢要な要因として言語が注目されるようになりました。人文学でのこうした動きは言語論的転回と呼ばれています。前章までの各章の議論も広く捉えれば言語論的転回の流れに位置づけることができるでしょう。

　本章では、言語論的転回についてその要点を述べ、その文脈でゴフマンの相互行為研究とバーガーとルックマンの知識社会学で言語に対してどのような視線が注がれているかを見ていきます。そして、人文学における言語論的転回の流れは、グッドマンの世界制作論やガブリエルの新しい実在論、さらにはホワイトの歴史学やイーザーの読書行為論やブルーナーのストーリーの心理学などにつながることを指摘します。最後の結びでは、本章の議論から得られる視座を整理し、第二言語教育にどのような示唆が得られるかを論じます。本章の結びは、いわば、言語研究以外の分野での言語についての見方から得られる第二言語教育での言語の取り扱い方についての「警告」のまとめとなります。

はじめに

　第二言語教育とは、他の言語をすでに習得している人が新しい言語を習得するのを計画的で組織的に支援する営みである。そうした第二言語教育に携わる者が、取り扱う目標言語——例えば日本語教育の場合であれば日本語——そのものについてや、その言語でのコミュニケーションの仕方の特徴などについて関心を寄せることには、一定の妥当性がある。しかし、言語に関わる専門職である第二言語教育者は、そうした個別の目標言語への関心にとどまらず、言語そのものや言語コミュニケーション一般についても関心を寄せて十分な認識をもっておく必要があるだろう。他方、言語や言語コミュニケーションについての関心に基づくさまざまな研究の一方で、20世紀以降、社会学、人類学、心理学、文芸批評、哲学などでも、それぞれの研究のための枢要な要因として言語に目が向けられるようになってきた。言語研究以外のこうした分野で言語が注目され、言語の役割が本源的であるとして論じられているのである。こうした動きは、哲学や人文学における言語論的転回と呼ばれている。言語の教育に携わる第二言語教育者は、そのような状況にも関心を寄せ、そこから第二言語教育に資する何を学ぶことができるかを吟味する必要があるだろう[1]。

　筆者の従来からの関心は、そうした他分野での言語へのまなざしに注目し、そこから第二言語教育が得られる言語についての重要な視点や洞察を抽出することにある。そうした中で、文芸批評と心理学の分野についてはすでに一定程度の検討を行った（西口, 2006; 2011; 2013; 2015; 2018b）。そこで、本章では主として社会学の分野に注目してそうした検討を行う。そして、社会学等における言語へのまなざしから得られる言語というものの捕捉の仕方やその性質についての観点、そしてそこから敷衍される第二言語教育における言語の取り扱い方について考察する。

---

　1 例えば、ソシュールや、ソシュールに始まるジュネーブ学派、ソシュールの影響を受けたプラーグ学派の言語学者たちの言語や言語コミュニケーションに関する論究などひじょうに興味深い研究が今世紀の初めに提出された。しかし、そうした言語学方面の議論には本章では触れなかった。

ただし、採り上げて論じる各研究については本章の関心に基づく側面の記述にとどまる。また、本章の関心で採り上げるべき研究は多々あるが、特に重要と思われるもののみ論じている。

　まずは、哲学における言語論的転回とは何かというところから議論を始める。

1.　言語論的転回

1-1　言語論的転回とは何か

　言語論的転回（linguistic turn）を簡潔に説明するのはむずかしい。石黒は、言語的転回とは「言語への反省に基づく哲学」だと説明している（石黒, 1993, p. 91）。そうなると、次は、哲学とは何かが問題となる。木田は、哲学とは「ありとしあらゆるもの（あるとされるあらゆるもの、存在するものの全体）が何であり、どういうあり方をしているのか」、簡略に言うと「『ある』ということがどういうことか」についての特定の考え方だと説明している（木田, 2007, p. 19）。こうした哲学には、概括的に言うと、「あるとはどういうことか」という問いに関わる存在論と、「どのようにして私たちは知ることができるのか」という問いに関わる認識論という2つの柱がある。そして、哲学の思考の妥当性を検証するという目的で生まれたのが推論の技術としての論理学である（バッキンガム他, 2012, pp. 12-14）。

　野家は、ローティの見解を引いて、体系的哲学と啓発的哲学という観点を援用してウィトゲンシュタイン（Wittegenstein, L., 1889-1951）の仕事を位置づけようとしている（野家, 1993, pp. 145-147）。

> 　体系的大哲学者は建設的であり、議論を提起する。啓発的大哲学者は反抗的であり、皮肉やパロディーやアフォリズムを提示する。…彼らは意図的に傍流である。体系的大哲学者は、大科学者と同様に、永遠性をめざして建設する。啓発的大哲学者は、彼ら自身の時代のために破壊する。
>
> （ローティ, 1993, pp. 428-429）

こうした特徴づけを見れば、後者の「啓発的哲学」はいわば「反哲学」、つまり哲学を自己否定する哲学であると野家は言う。そして、上のような引用を提示して、ローティが後期ウィトゲンシュタインを啓発的大哲学者の一人に位置づけていることを紹介した上で、そうした反哲学への志向は、『哲学探究』の後期ウィトゲンシュタインだけでなく、『論理哲学論考』の前期ウィトゲンシュタインにもすでに顕在化していると野家は論じる（野家, 1993）。そのような反哲学の帰結の一つが、哲学における言語論的転回、つまり言語への反省に基づく哲学であるウィトゲンシュタインの言語ゲーム論である。

1-2　ウィトゲンシュタインの言語ゲーム

以下の引用は、ウィトゲンシュタインによる言語ゲームについての説明である。

> 「言語ゲーム」という言葉は、ここでは、言語を話すということが或る活動の、または或る生活形式の一部であるということをあきらかにするための言葉である。
> 言語ゲームの多様性を次に挙げる諸例や、さらにその他の諸例について思い描いてみよ。
> 命令する、そして命令に従って行動する―、或る対象を概観によって、あるいは測量に基づいて記述する―、記述（図面）の通りに対象を組み立てる―、或る出来事を報告する―、その出来事について推測する―、或る仮説を立て、検証する―、実験の結果を表や図によって示す―、物語を創作し、読む―、劇を演ずる―、輪唱する―、謎を解く―、洒落を言う、受け売りする―、算術の応用問題を解く―、或る言語から他の言語へ翻訳する―、乞う、感謝する、罵る、挨拶する、祈る― 　　　　　　（『哲学探究』1部23節、邦訳は黒田, 2000による）

この前後の節を含めてみても、ウィトゲンシュタイン自身による言語ゲームの説明は必ずしも判然としない。そこで、補助線として、ウィトゲンシュタイン研究者による言語ゲーム論の説明にあたってみよう。筆者が調べたところで

は、以下の黒崎による言語ゲームの説明が最も明快であった。

　〈言語ゲームの世界〉こそ、我々にとっては唯一の〈所与〉なのである。全ては、そこにおいて考えられなければならない。〈言語ゲームの世界〉こそ、存在の棲家なのである。そこから離れたものは、全て、その存在を失い、幻想になってしまう。この思想を私は「言語ゲーム一元論」と言う。そして後期のウィトゲンシュタインの思想は、この「言語ゲーム一元論」であると言ってよいであろう。　　　　　　　　　　（黒崎, 1997, p. 56）

　このように黒崎は（後期の）ウィトゲンシュタインの思想を言語ゲーム一元論と呼んでいる。もう少し黒崎の論を追ってみよう。

　我々の生活は、行為で成り立っている。行為は意思の下にある。意思は本質的に言語的である。言語がなくては意思はあり得ず、意思がなくては行為はあり得ず、行為がなくては、我々の動きは単なる本能的行動になってしまう。かくして、言語がなくては、我々は動物に成り下がるのである。「人間は言語的存在である」と言われるゆえんである。

（黒崎, 1997, pp. 56-57）

　言うまでもなく、ここで言及されている生活はウィトゲンシュタインの言う生活形式（forms of life）という見方につながる。そして、意思や意味に関して補足すると、「それぞれの生活形式で、言葉は生活形式を一つに束ねる助けとなっていると同時に、生活形式は言葉に意義と意味を与えている」（Gergen and Gergen, 2004, p. 17, 邦訳p. 32, 筆者改訳）となる。黒崎の言語ゲーム一元論からわれわれは以下の5つの観点を抽出することができる。

（1）言語は行為である。
（2）言語の行為は、具体的な活動あるいは生活形式の一部である。
（3）行為は意思の下にある。
（4）言語なしには意思はあり得ず、意思なくして行為はあり得ず、行為なく

しては人間の動きは単なる本能的行動になる。

(5) 人間は言語的存在である。言語がないと、人間は人間的な存在の棲家を失う。

　これが、言語への反省に基づくウィトゲンシュタインの哲学の帰結の要点である。そして、ウィトゲンシュタインが提示したこうした観点は、やがて直接あるいは間接に人文学全体に大きな影響を及ぼすことになるのである[2]。

2. 相互行為研究における言語へのまなざし

2-1　ゴフマンの相互行為秩序論

　対面的な社会的出会いとそこでの相互行為は、わたしたちの言語活動の重要な部分を占める。ゴフマン（Goffman, E., 1922-82）の生涯の関心は、そのようなシーンに注目して、対面的相互行為の秩序を捉えることであった。ゴフマンは、自身の関心である対面的相互行為を以下のように捕捉している。

　　相互行為（interaction）（すなわち、対面的相互行為）は、大まかに、双方が直接身体的に相手の面前にあるときに行為主体が相互的に影響し合うことと定義することができるだろう。ある一つの相互行為とは、特定の組み合わせの複数行為主体が、相互に継続的に同席する一定期間内に生起する相互的な行為の全体と定義できるだろう。〈出会い（encounter）〉という用語でもよいだろう。一つの、〈パフォーマンス〉とは、ある特定の機会にある特定の参加者が何らかの仕方で他の参加者に影響を及ぼす挙動のすべてと定義できるだろう。特定の参加者及び彼のパフォーマンスを基本的準拠点とすると、他のパフォーマンスを寄与する人々はオーディエンス（audience）、観察者（observer）、共同‐参加者（co-participant）と呼べるだろう。あるパフォーマンスで開展され、別の機会にも呈示されたり、演じ

　2　ウィトゲンシュタインの哲学はその後分析哲学へと発展していくが、本章のテーマとの関連ではそこまで論じる必要はないと判断された。

られたりする既成の行為の形式は、〈役目（part）〉あるいは〈ルーティン（routine）〉と呼べるだろう。…社会的役割（social role）をある地位に結びついた義務と権利の実行（enactment）と定義すると、社会的役割は一つかそれ以上の役目を含み、これらの異なった役目の各々は一連の機会に同種のオーディエンスあるいは同じ人々からなるオーディエンスに向けて呈示されることになる、ということができるだろう。

(Goffman, 1959, pp. 26-27、邦訳p. 18、一部筆者改訳)

　このように社会的出会いを演劇に喩えてその構造を詳細に省察したゴフマンは『行為と演技』の最終章の最終節で、パフォーマンスに関連させながら自己（self）についての議論を展開している。まずは、その演劇への喩えから含意されることとして、個人というものの二面性を指摘する。

　　人は、一方で、パフォーマー、すなわちパフォーマンスを演出するというあまりにも人間臭い仕事にまき込まれた、印象を苦労して作る者（a harried fabricator of impressions）として見られた。そして他方で、彼は役柄（character）として、すなわちその人の精神、力、その他のいろいろな優れた属性がその役柄のパフォーマンスによって喚起されるようにデザインされている登場人物（figure）、典型的には立派な人物（fine one）として見られた。

(Goffman, 1959, p. 244、邦訳p. 297、一部筆者改訳)

　ゴフマンによると、わたしたちの社会では人が演じる役柄とその人の自己は同じものと見られる傾向がある（Goffman, 1959, p. 244、邦訳p. 297）。そして、自己というのはしばしば役柄の所有者の身体に何かしら宿っている一個の小塊のように見られがちであるが、そうした見方を引きとどめるようにゴフマンは続ける。

　　演じられた自己とはある種のイメージ、そして通常は信のおけるイメージとみなされる。そして、舞台上にあって役柄を演じている行為主体は、自分に関してそのイメージを抱いてもらえるように努めるのである。この

イメージが行為主体に関して抱かれ、ある一つの自己が彼に帰属されることはあっても、その自己自体はその所有者に由来するのではなく、彼の行為の全場面に由来するのである。自己は、局所内の種々の出来事を目撃者に解釈可能にする出来事に備わった属性によって生成されるのである。適正に演出され演じられた場面は、ある一つの自己を演じられた役柄に帰属させるようにオーディエンスを仕向ける。しかしこの帰属内容――この自己――は繰り広げられる場面の産出結果（product）であって、その場面の原因（cause）ではない。…自己は呈示される場面からあふれ出るように立ち現れる演劇的効果（dramatic effect）である。

（Goffman, 1959, pp. 244-245、邦訳p. 298、一部筆者改訳）

このようにゴフマンによると、人は演じると同時に演じられる人（草柳, 2005, p. 45）であり、そのように演じ演じられたものがその人の自己となるのである。そして、われわれが注目しなければならないゴフマンの主張の中心点は、自己とは繰り広げられる場面の産出効果であり、場面から立ち現れる演劇的効果だということである。

2-2　社会的出会いにおける言語

『行為と演技』の最後の部分で、上のような自己を含めたゴフマンの研究的な関心が改めて表明されている。

　　この報告の関心事は、社会的出会いの構造――社会生活において人々が互いに直接身体をもった者として人前に出たときに存在し始めるようなさまざまな事象の構造――である。この構造の核心的要因は、状況に関して単一の定義を維持すること、すなわちそのような定義は表出されなければならず、またそのような定義は無数の潜在的攪乱のただ中で維持されなければならない、ということである。

（Goffman, 1959, p. 246、邦訳pp. 300-301、一部筆者改訳）

同書の序論の最後のまとめ（前項冒頭の引用）で、ゴフマンはパフォーマン

スを「特定の参加者が何らかの仕方で他の参加者に影響を及ぼす挙動のすべて」と定義していた。その論点と上の引用をかけ合わせると、一つの社会的出会いにおいて参加者は、潜在的攪乱が無数にある中で状況に関して単一の定義を維持しながらその挙動のすべてによって相互行為に従事するということになる。

　ゴフマンによると、表出には、意図的にする表出（expression that he gives）と何気なくする表出（expression that he gives off）の2種類がある。そして、第一の意図的にする表出の代表として言語的象徴を挙げて、ゴフマンは次のように論じている。

　　　第一の場合には、言語的象徴あるいはその代替が含まれている。それらのものを行為主体は、ただ当然のこととして、彼と他者がこれらの象徴に付与することがわかっている情報を伝えるためにのみ使用するのである。
　　　　　　　　　　　　（Goffman, 1959, p. 14、邦訳p. 3、一部筆者改訳）

「それらのものを…彼と他者がこれらの象徴に付与することがわかっている情報を伝えるためにのみ使用する」というのは持って回った言い方になっている。この言い回しでゴフマンが伝えようとしているのが、単に、伝えられる情報というのがあらかじめ固定的にあって、それに対応する言語的象徴を話し手は行使するということだとは考えにくい。この部分はむしろ、行使しようとしている言語的象徴をその現場で行使すれば他者（当面は聞き手を考えてよい）はその言語的象徴に適正な情報を付与してくれて現下の相互行為を自身（話し手）が思うような方向に展開していくことができるとの想定が話し手において常に作動していて、そういう言語的象徴を話し手は行使する、と解釈するべきだろう。つまり、ゴフマンの言う言語的象徴とそれが伝える情報というのは、一般に考えられているようにあらかじめ用意された形式と字義通りの意味の複合なのではなく、形式が結節点となり情報面が多面的で複合的で輻輳的になっている一つのユニティ（統一体）なのである。社会的出会いにおける相互行為では結節点としての形式は、そのようなユニティを照準化しながら文化的に意味のある現実を構成して現下の相互行為の進展方向を調整するナヴィゲーター

となるのである[3]。そして、そうした結節点としての形式は話し手が外言として産出するものであるだけでなく、話し手と聞き手の双方に共有の共通の領域（バフチン、1929/1980, p. 188）になっている。そのようにゴフマンは見ているのである。

2-3　相互行為秩序論から相互行為の共構築へ——相互行為で取り交わされる発話

こうしたゴフマンの見解は、ジャコビーとオックス（Jacoby and Ochs, 1995、Jacoby, S., 1949-2007、Ochs, E., 1944- ）が定式化した相互行為の共構築という見方に接続することができる。ジャコビーとオックスは共構築（co-construction）を以下のように説明している。

> …共構築とは、形式、解釈、スタンス、行為、活動、アイデンティティ、社会制度、技能、イデオロギー、情意、その他の文化的に意味のある現実を共同的に創造することである。
> （筆者訳）
> … we refer to co-construction as *the joint creation of a form, interpretation, stance, action, activity, identity, institution, skill, ideology, emotion, or other culturally meaningful reality.*
> （Jacoby and Ochs, 1995, p. 171）

共同的に創造するもの（joint creation）としてここに並べられているもののうち、最初の「形式」というのは、外に出された、発話を中心とした身体から放出される、記号として同定されるさまざまなフォルムである。それは、ゴフマンの言う何気なくする表出をも含む挙動のすべてである。そして、「解釈」以降の事項はいずれも、発話を中心としたフォルムの取り交わしを通して対話者たちが構成する社会的出会いの構造の各種の視点である。つまり、相互行為では、発話を中心としたフォルムの取り交わしに沿って対話者たちの間で相互的に行われる社会的構造の理解という営みを通して、解釈、スタンス、行為、活

3　ゴフマンのこうした見解は、第3章で論じたロメットヴェイトの人間のコミュニケーションへの多元的な社会的-認知的アプローチの見方と重なる。例えば、ここに言う「進展方向を調整するナヴィゲーター」は、ロメットヴェイトの言う「言語によって媒介された約定書の草案」（p. 71）に対応する。

動、アイデンティティ、社会制度、技能、イデオロギー、情意、その他の文化的に意味のある現実が構成されたり確認されたり伸展されたりするのである。それはまさにゴフマンの言う社会的出会いが構成される様態である。

　ここで"form"を「記号として同定されるフォルム」と呼んだのは、前項末で言った、相互行為における共有的な結節点としての形式ということと関係している。社会的な出会いにおける相互行為で発話の行為が行われたときに、発話をある種独立的に特定の言語記号（の複合）と受け取って特定の意味（例えば字義通りの意味）を感取するということは確かにある。しかし、それは、次項で論じるように、社会的出会いにおいては随伴的な現象である。実際に社会的出会いの場にあって相互行為に従事する対話者たちは、どの瞬間においても挙動のすべてに基づいて「解釈」以降の各種の視点を常に構成し、また再構成しており、そうした構成と再構成の過程と並行して発話のフォルムも順次に同定されていくのである。つまり、発話のフォルムを特定の記号と同定することも共構築の全体的な過程の中で他の要因と連動して行われているということである。このことは、一例を挙げると、相手が言い間違いをしたときにわたしたちはおのずとそれを感知することができるという事実からわかる。言い間違いというのは、共構築の共有的な結節点となるべき発話の形式（の一部）が、「解釈」以降の諸要因の構造化された構成が要請する形式とズレが生じているときに感知されるのである。それゆえに、逆に言うと、言い間違いが感知されない通常の多くの相互行為では、両者の間に顕著なズレが生じることなく、文化的に意味のある現実が「現下の目的のために十分に」（Clark and Wilkes-Gibbs, 1986）対話者間でスムーズに共構築されているということである。

　社会的出会いにおける相互行為で取り交わされる言語、つまり発話はそのような性質のものであり、先のゴフマンの引用中の「情報」には、ジャコビーとオックスの共構築の「解釈」以降のすべての要因が含まれていると見られるのである。そして、ジャコビーとオックスの共構築という原理は対面的相互行為で取り交わされる発話だけでなく、実際のコミュニケーションの脈絡にあるその他の口頭言語のディスコースや書記言語のディスコースなども含めて、すべての現実の言語活動で働いている基本原理として提出されているのである。

2-4 発話が言語記号と見えるとき

　前項での議論にもかかわらず、共構築の結節点としての形式が言語記号及びその構造体に見えるという事実はある。

　相互行為に従事する対話者たちは常に共構築のただ中にある。そして、相互行為の伸展に伴って、取り交わされる音声的フォルムは上で論じたように共構築の全体性の中で順次に捕捉される。捕捉された音声的フォルムは相互行為の運営という目的のためには特段に注意されることはないが、実際には音声的フォルムは捕捉された瞬間に言語記号というもう一つのユニティとしてその姿を現す。自覚的な言語的思考（ヴィゴツキー, 2001）をすることが身についた習慣になっている成人の場合は共構築の過程で、共構築の作業と並行して言語記号というユニティを探し求めていると言ってもよい。自覚的な言語的思考をするに至っていない子どもにおいては言語記号を同定することなく相互行為は進行する（前掲書）。さらに、音声的フォルムにおいて特定の言語記号が自覚されると、その言語記号は形式面においても意味面においても、言語システムのネットワークに基づいて言語的な共鳴を起こして、さまざまな関連の言語記号を対話者において活性化させる。こうした事情が、相互行為においてわたしたちは言語記号をそれとして優先的に独立して認識していると錯覚させる要因となっている。しかし、ここに論じたように、そうした言語記号というユニティの認識は実際には副次的な現象である。

　こうした議論は書記言語活動におけるわたしたちの経験の事実の反省へとつながる。言うまでもなく、言語は一次的には音声体である。そうした言語が書記言語活動の発達を通して客体的な一つの実体となるのである。つまり、当初は文化的に意味のある現実（Jacoby and Ochs, 1995, p. 171）と対応して実際の相互行為にあった言語形式がもう一つの書字という形式に置き換えられることにより実際の相互行為から遊離することが可能になり、語や言い回しが客体化される。そして、そうしたユニティがおのずと分節されていることから、さらに抽象的な語や句や構造が捕捉されるようになった。ゆえに、口頭言語だけでなく書記言語能力をも発達させて書記言語活動に従事する言語主体においては、言語活動従事で言語記号を経験することはごくありふれた事実となるのである。

以上の議論から、書記言語能力を発達させている成人における言語活動従事においては、主要な言語心理過程は共構築の全体的な過程でありながらも、発話やディスコースに言語記号そのものを経験することは避けがたい副次的な経験であることがわかる。

3. 社会学における言語へのまなざし

3-1　バーガーとルックマンの知識社会学

　シュッツの現象学的社会学の伝統を引き継ぐバーガーとルックマンの社会学理論は現在では「古典」の一つになっている。かれらの理論は一般に知識社会学と呼ばれている。その理論は、社会的現実の構成において知識あるいは知ることがどのような役割を果たしているかを根本的に考究して練り上げられたものである[4]。

　バーガーによると、人間の社会はすべて一種の世界構築の営みであり、それは弁証法的な現象である。社会の弁証法は、外在化と客体化と内在化という人間学的必然性（anthropological necessity）の3つの契機の下に進行する（Berger and Luckmann, 1966、Berger, 1967）。バーガーとルックマンによると、そうした社会の弁証法の中で言語は枢要な位置を占める。

　　　言語はその無限の多様性と複雑性によって、他のどんな記号体系（例えば身振りの体系のようなもの）よりも、はるかに容易に対面的状況から分離することができる。例えば、私は、直接の経験がない、あるいは直接経験することなど決してない事柄をも含めて対面的状況には全く存在しない無数の事柄について語ることができる。このように、言語は意味と経験の膨大な蓄積の客体的な貯蔵庫となることができるのであり、次いでこうした意味や経験を時間を超えて保存し、それらを後続世代に伝えることができるのである。　　　（Berger and Luckmann, 1966, p. 52, 邦訳 p. 58、一部筆者改訳）

---

4 バーガーとルックマンの知識社会学と言語の関係については第6章で詳しく論じている。

このように、言語を基盤にし、言語を材料にして、一つの社会に知識として通用する認識と規範の殿堂が築き上げられる（Berger, 1967, p. 20、邦訳p. 30）。バーガーによると、そのような知識の多くは、理論以前のものであり、解釈の大要や道徳上の処世訓や伝統的知識の集合などからなり、あらゆる社会はその成員に対して客観的に利用可能な知識を提供している。社会に参加するということは、その社会の知識を分かち合うこと、つまりその規範秩序にともに棲むことである（Berger, 1967, p. 21、邦訳p. 31）。そして、そのような世界は、個人の生涯を包み込み、生涯は一連の出来事としてその世界の中に展開する。個人の生涯は、それが社会的世界の意味ある構造の中で理解される限りにおいてのみ客観的にリアルである。言い替えれば、自分の人生は、それが本来的に客観的現実なる性格をもつ社会的世界の内に置かれるときにのみ、自分にも他人にも客観的にリアルなものに見えてくるのである（Berger, 1967, p. 13、邦訳p. 19）。

3-2　バーガーとルックマンからガーゲンへ

ゴフマンは、対面的状況で取り交わされる言葉は意図的な表出の中心として社会的出会いやその中での自己の構成において重要な役割を果たす要因だと位置づけた。ジャコビーとオックスは相互行為における文化的に意味のある現実はすべてその現場で呈示されるフォルムとも連動して行為者間で共同的に構築されるという見方を提示した。一方、バーガーとルックマンの知識社会学では、言語にこそわたしたち人間の存在の棲み処があるという見解が示された。そして、そのようなバーガーとルックマンの論からすると、ゴフマンの社会的出会いの構造やジャコビーとオックスの言う文化的に意味のある現実はすべて言語的に表示され、言語的に与えられることになる。つまり、社会というもののすべて、そしてそれに包まれつつ構成される個人の人生や自己もすべて、言語という要因によって構成され実現されることになるのである。

このような現代社会学の伝統は、バフチンの対話原理（バフチン, 1929/1980; 1952-53/1988、西口, 2015）をもう一つの主要要因として組み込んだ、対話とそれに基づく関係性に中心を置くガーゲンの社会構成主義へと展開していく（Gergen, 1999）。以上が社会学における言語論的転回、つまり「言語への反省に基づく社会学」の展開の概略である。

3-3 世界制作という視点

　言語論的転回のこうした大きな流れは哲学の方面では、グッドマンの世界制作論（グッドマン, 2008）や、ガブリエルの新しい実在論（ガブリエル, 2018）へとつながる。グッドマンは、わたしたちの生活世界や社会の現実に始まり、文学や歴史や宗教にとどまらず科学も、そして音楽や絵画などの芸術もすべて、言語やその他の記号や象徴手段を媒介としてわたしたちが作った世界であると言う。一方、ガブリエルは、すべてを包摂する世界（the world）というようなものは決して存在し得ず、わたしたちにあるのは、各々の文化、宗教、学術研究などの観点で構成されるさまざまな世界だけであると言う。ガブリエルによると、そうしたさまざまな世界が入り組み合い、連携し合い、時には拮抗しながら存在している。そして、わたしたち一人ひとりは、常に何らかの観点から見据えた世界を見、その中に生きていると言う。興味深いことに、ガブリエルの論では、フィクションの世界や夢や幻想も現実と見なされる。それらが現に経験されたり起こったりして、わたしたちの経験の一部として現に存在するからである。

　最後に補足的になるが、ホワイト（2017）の歴史学や、イーザー（1982）の読書行為論や、ブルーナーのストーリーの心理学（Bruner, 2002）なども各々の分野での言語論的転回と位置づけられるだろう。

4.　結　び

　以上で検討した他分野での言語へのまなざしからわれわれは以下のような言語についての視座を得ることができるだろう。

（1）言語はわたしたちにとって文化的に意味のある現実のすべての基盤となっている。言語こそわたしたち人間の存在の棲み処である。社会というもののすべてとそれに包まれつつ構成される個人の人生や自己のすべてだけでなく、歴史や宗教や科学なども、言語という要因によって構成され実現される。

(2) 相互行為で取り交わされる言語的象徴とそれが伝える情報というのは、一般に考えられているようにあらかじめ用意された形式と字義通りの意味の複合体なのではなく、形式が結節点となり社会的出会いとしての各種の情報が多面的で複合的で輻輳的に関連した一つのユニティ（統一体）を形成している。

(3) 発話やディスコースは基本として（2）のように経験されるわけだが、書記言語能力を発達させている成人においては、共構築の結節点としての形式は言語記号としても経験される。

　言語をわたしたち人間の存在の棲み処であると見て、そのように扱いつつ、同時にその言語を習得や習得支援の対象とすることは可能なのだろうか。また、文化的に意味のある現実を構成して現下の相互行為の進展方向を調整するナヴィゲーターとなる言語的象徴を学んだり指導したりすることは可能なのだろうか。ここで保持されている観点はいずれも、言語を人が人として生きる生気が吹き込まれた言葉（バフチン, 1963/1995, p. 370）として位置づける観点である。

　これまでの第二言語教育では、主として（3）で言及しているような言語記号に注目し、それを習得させることを中心に据えた教育企画と教材制作と具体的な教育実践が行われてきた。そうした教育活動は、人間による言語活動の表面に焦点化した教育活動であり、その帰結として抽象化された言葉しか扱い得ない教育実践とならざるを得ない。第二言語教育が学習者において生きた言葉を育成して、第二言語で相互行為に参画できる主体を育てようとするのであれば、重要な具体的言語習得支援の空間である授業の大部分を対話的な構図（バフチン, 1929/1980; 1952-53/1988、西口, 2015）に編成しなければならないだろう。また、教育企画においては、授業で対話的構図を維持しつつ、もう一つのユニティである言語記号の局域的な行使に関する考慮として、相互行為で立ち現れる未習熟の言語記号の種類や量を言語発達に最適になるようにあらかじめ予想して一連の目標言語活動をカリキュラムとして企画しなければならない。言うまでもなく、リソースの制作においても未習熟の言語記号の種類や量についての考慮が必要である。そして、具体的な授業実践としては、対話的な構図の下

に展開されるさまざまな活動の中で、社会的出会いとしての情報の交換や共有と言語的象徴のユニティの部分の習得と習熟を有効に図らなければならない。

このように、言語は多面的なものであり、言語の習得は複合的で輻輳的な現象である。第二言語教育において言語の取り扱いには十分な注意が必要である。

文献案内

□ 基本文献

1. ゴフマン（1974）『行為と演技』 ※ Goffman（1959）の邦訳

ゴフマンの社会的相互行為研究の原点というべき本です。ゴフマンを勉強する際には、まずこの本を読むのがいいです。

2. ガーゲンとガーゲン（2018）『現実はいつも対話から生まれる』 ※ Gergen and Gergen（2004）の邦訳

社会構成主義の最もコンパクトでわかりやすい入門書です。一般の人向けに書かれています。

□ 概 説

1. ゴフマンの相互行為秩序論を知る

・安川（1991）「〈共在〉の解剖学 ── 相互行為の経験編成」 ※安川編（1991）の pp. 1-31

・椎野（1991）「ドラマトゥルギィから相互行為秩序へ」 ※安川編（1991）の pp. 33-64

前者は安川編（1991）の第1章、後者は同じ本の第2章です。この2つの章を読めば、ゴフマンの関心がよくわかります。

2. ウィトゲンシュタインを知る

・黒崎（1997）『言語ゲーム一元論 ── 後期ウィトゲンシュタインの帰結』

ウィトゲンシュタインの言語哲学について書かれた本は多数ありますが、言語教育的な関心からはこの本を読むのが一番いいと思います。この本では、ウィトゲンシュタインの言語哲学についてあれこれと論じるのではなく、かれ

が最終的に行き着いた言語ゲーム論に絞ってひじょうにわかりやすく解説されています。

3. 自己についてのアプローチ

・井上・船津編（2005）『自己と他者の社会学』

　社会学的な観点での自己についてのアプローチを知りたい場合は、この本がすばらしい入門書となります。特に、第3章「演じる私」（pp. 41-59）、第5章「物語る私」（pp. 79-95）、第6章「意味を求める私」（pp. 97-116）はコンパクトながら秀逸です。

□ さらに深めるために

ガーゲン（2004）『あなたへの社会構成主義』　※Gergen（1999）の邦訳

　社会構成主義についてとてもわかりやすくかつ包括的に解説されています。社会構成主義の理論の「バイブル」と言っていいでしょう。基本文献2のガーゲンとガーゲン（2018）を読んでさらに知りたい場合はこの本を読んでください。

第8章

世界内存在とことば
─第二言語教育における実存論的転回に向けて─

イントロダクション

　前章では、言語論的転回を軸として、それに関連する主に社会学の理論とそこでの言語への視線について見ました。そして、同章の第1節で、ウィトゲンシュタインの言語ゲーム論を解説して黒崎（1997）が「〈言語ゲームの世界〉こそ、存在の棲家なのである」と論じていることを紹介しました。本章の目的は、こうした「言語こそ存在の棲家である」という見方の淵源を現代哲学に遡って探ることです。

　そこで本章では、その重要な淵源であるハイデガー（Heideggar, M., 1889-1976）の実存哲学を採り上げ、世界内存在という視点を梃子としてハイデガーがそのような見解に至る経緯を描いていきます。その経緯は、そもそも存在とは何で、存在はどのように立ち現れるのか、そしてそこにことばがどのように関与しているのか、などのテーマについての哲学的な思索となります。そうした議論の背景として、最初に、その後の現代哲学に至る端緒となるハイデガーの師のフッサールの当初の問題意識と、フッサールを引き継いで独自に研究を展開したメルロ＝ポンティの構造の哲学と、カッシーラーの行動のシンボル的形態の議論について手短に述べます。最後の結びでは、本章で論じたハイデガーの思想の要点をまとめた上で、その思想との関係で第二言語教育を振り返ると、学習者をハイデガーの言う思索と詩作に導く教育実践が浮かび上がることを指摘します。

はじめに

　現代の哲学・思想は第二言語教育にどのような視点を提供してくれるかというのが本研究の出発点である。そのような関心からさまざまな現代の哲学的思索を一定程度渉猟した結果、現代思想の基盤を築いたハイデガーの思想に注目するのが適当だと判断した。本章では、ハイデガーの思想の中でもその現象学的存在論の柱となっている世界内存在という視点に焦点を当て、世界内存在とことばの関係について論究する。最後に、本章での議論と考察をまとめ、第二言語教育への示唆を述べる。

　ちなみに、哲学・思想という広大な海を一定の観点の下に望観し、近代哲学から現代思想に至る哲学・思想の展開を理解するにあたっては、形而上学的原理を軸として哲学・思想を俯瞰する木田の反哲学論に負うところが多大であった。また、本章で中心的に論じる世界内存在という視座は、言うまでもなくフッサール現象学の系譜にある見方であるが、世界内存在についての筆者の理解も、原典を確認しているが、木田に導かれている。しかしながら、最終的に、第二言語教育の関心から論じる諸点を選び出し、選ばれた諸点を関連づけた議論を第二言語教育者と第二言語教育研究者向けに展開したのは筆者であり、そこに本章のオリジナリティがある。

1. 世界内存在という視点の経緯

1-1　根源的な生活世界に立ち返る

　現象学を提唱し展開したのは言うまでもなくフッサールである。後期の著書からの引用となるが、現象学の根本の問題意識をフッサールは以下のように表明している。

　　「数学的と数学的自然科学」という理念の衣——あるいはその代わりに、記号の衣、記号的、数学的理論の衣と言ってもよいが——は、科学者と教

養人にとっては、「客観的に現実的で真の」自然として、生活世界の代理
をし、それを蔽い隠すようなすべてのものを包含することになる。この理
念の衣は、一つの方法にすぎないものを真の存在だとわれわれに思い込ま
せる。
（フッサール, 1995, p. 94）

　17世紀にデカルトによって主体（subject）が見出され、18世紀にカントに
よって主体が規定することができる認識のカテゴリーの提案がなされた。そう
した経緯を経て、自立的な主体と主体が認識する客体あるいは客観的世界とい
う近代の二元論が成立した。こうして神の桎梏から解放された人間主体は客体
となった世界を解明することに邁進することになる。
　産業革命とも連携しながら急速に発展した近代科学は当初は自然を対象にし
て物理学や化学を発展させたが、19世紀になると社会や心理などの人間的な
現象も自然科学と同様のスタンスで研究されるようになった。ヴントの心理学
やデュルケームの社会学などである。そして、そうしたスタンスでの研究はや
がて実証主義として批判されることになる。
　しかし、「科学的」なものの見方は19世紀後半の一般的な知的傾向であり、
そうした世界への視線とそれに基づく科学的認識は科学者にとどまらず教養人
一般にも広まり、客観的な世界というものがあらかじめそこにあるかのように
見られるようになった。フッサールが「理念の衣」と呼んで問題にしたのは、
そのような認識のことである。そして、現象学は、そのような「理念の衣」を
取り払ってわれわれの経験そのものに立ち返って、本源の生きられた世界から
われわれの存在や認識を見直そうという運動なのである。
　そうしたフッサールの現象学を正統的に引き継ぐメルロ＝ポンティは「知覚
とは端緒における科学とは言わないで、逆に、古典的科学は、己れの起源を忘
れてみずからを完結したものと思い込んでいる知覚のことだ」（メルロ＝ポン
ティ, 1967, p. 110）と言って、この理念の衣を拭い去ってその手前にある生きら
れた世界に立ち返ってその哲学的探究を始めている。

　　したがって、最初の哲学的行為とは、客観的世界の手前にある生きら
　　れた世界にまでたち戻ることだ、ということになるだろう。それというの

も、この生きられた世界においてこそ、われわれは客観的世界の権利もその諸限界も、了解することができるであろうからだ。また、最初の哲学的行為は、事物にはその具体的表情を、有機体には世界に対処するその固有の仕方を、主観性にはその歴史的内属を返すことだ、ということになるだろう。

（メルロ＝ポンティ，1967, p. 110）

　上の一節の最後の文では、次項で論じるかれの哲学的探究の中心的なモチーフが示されている。
　一方で、マルクスは、ヘーゲルの労働というモチーフを人間的で感性的な活動である実践（Übe）として捉え直して、具体的な人間に立ち返って唯物論と観念論のいずれをも超克する人間論と存在論を試みている。以下の引用は、そうしたマルクスの企ての方向性を示すものである。

　　従来のあらゆる唯物論——フォイエルバッハのそれも含めて——の主要な欠陥は、対象が、つまり現実、感性が、ただ客体ないし直感の形式のみで捉えられ、人間的・感性的な活動、実践として、主体的に捉えられないことである。それゆえ、活動的側面は唯物論とは反対に観念論によって展開される——とはいえ、観念論はもちろん現実的・感性的な活動そのものを知らないので、ただ抽象的に展開されたにすぎないが——ということになった。

（マルクス，2002, p. 231）

　このように近代から現代への移行の中で、この世界が即自的なそれ自体で完結した事物の総体、つまりわたしたちの前に繰り広げられた対象的な物理的世界でないことが明らかになってきた。世界は、わたしたちによって知覚され、働きかけられ、生きられている場面であり、物理的過程には還元することができない、人間によって開示されるものと見られるようになった。わたしたちが生きる世界つまり**生活世界**（Lebenswelt）は、マルクスの言うように、「ただ客体ないし直感の形式のみで」捉えられる世界ではなく、「人間的・感性的な活動、実践」の場として「主体的に」捉えられている世界である。そして、主体とは、これもマルクスの言うように、「現実的・感性的な活動」に従事する

主体であって、その身体によって世界の内に深く挿し込まれ、投げ込まれた存在となる。ここにわれわれは、世界と人間の特有の絡み合いを見ることができる。このような物でもなく、純粋な意識でもない人間のあり方をハイデガーは**世界内存在**（In-der-Welt-sein）と呼んでいる。

1-2　メルロ＝ポンティの構造の哲学

　木田も引き合いに出しているところであるが、世界内存在という人間特有のあり方を理解するための入口として、メルロ＝ポンティの構造の哲学のアイデアを知るのが有効であろう。

　『行動の構造』（メルロ＝ポンティ、1964）の第3章で、メルロ＝ポンティは、物質、生命、精神のそれぞれを各々における独自の秩序として見るという見解を提示している。そして、それぞれを、物理的秩序、生命的秩序、人間的秩序と呼んでいる。メルロ＝ポンティは、物質、生命、精神を3つの異なる実体として捉えるのではなく、それらを構造の統合度の異なる3つの段階として捉えている。つまり、それぞれが先行の秩序を捉え直し、それをより高次の全体に組み込むことによって一層統合度の高い新しい秩序を実現していく3つの階梯をなしていると見るのである。メルロ＝ポンティは、存在論と認識論の両者にまたがる議論として構造の哲学を展開している。

　木田（1991）の解説に依拠しつつ『行動の構造』の当該部も参照しながらこの3つの秩序を簡潔に説明すると以下のようになる。まず、物質的秩序について言うと、物理的構造は、ある与えられた外的諸条件との関係において得られた一つの平衡状態と考えることができる。外部から加えられた作用は、それによる緊張状態を減少して系を静止させるというふうに働く。つまり、物理的構造とは、現存する現実的諸条件に関して得られた平衡状態だということになる。これに対して、生命的秩序、つまり有機的構造である生命においては、その平衡状態が単に現存の諸条件との関係においてだけでなく、その有機体それ自身によって現実化される可能的諸条件との関係においても実現されることになる。つまり、有機的構造の場合には、構造が外部からの強制に屈してただ自らを変形させるというのではなく、自己本来の境界を越えて外に働きかけ、自分の固有の環境を自分で作り上げるのである。したがって、生物の行動は、与

えられた外的条件の関数ではない。むしろ、生物が反応する環境のほうがその生物の活動のある内的規範、つまり知覚の閾や基本的活動の形態などによって区画されていくのである。例えば、ミミズの運動は決して物理的な平衡状態を達成する運動ではなく、一つの有機的な生命体として環境に差し向けられた動作として見なければ適切に理解することはできない。つまり、有機的構造の運動や行動は、食べるものを摂取する、目標に向かって移動する、生命の危険を回避するなどの意味をもった運動や行動なのである。したがって、有機体と環境との関係は、物理的系とその場との関係とは比較できないような、ある生命的な意味を媒介とする弁証法的関係と見なければならない。

　次は、下等な動物から人間のような高等な動物への秩序の再編成の話である。下等な動物にあっては、自然的状況の内に見出される特定の刺激の複合体にのみ結びつく、本能的と呼ばれる行動の形態が支配的である。ところが、高等な動物になると、環境の変化によって課せられる新しい問題にも対処し得るように行動の構造を組み替えることができるようになる。つまり、学習が可能になる。このレベルにあっては、環境の変化とともに、本来無関係ないくつかの刺激が隣接して与えられると、先行の刺激が条件刺激となり、続いて現れる無条件刺激の信号（シグナル）の役を果たす。ただし、そこで信号となるのは、条件刺激そのものではなく、条件刺激を一つの契機としてもち、それに意味を与えている場の全体の構造である。パブロフの犬で言うと、反応が唾液を出すことで、無条件刺激がエサで、条件刺激がエサを与える前に鳴らされるメトロノームの音となる。次項で論じるチンパンジーの行動は、このレベルでの統合（秩序）の最も進んだ段階に位置する。そして、そうした秩序を超えてさらに高次に行動を統合しているのが「シンボルを操る動物」（カッシーラー, 1997, p. 66）である人間なのである。

1-3　人間的秩序 —— 行動のシンボル的形態

　人間的な意味の世界をめぐって、カッシーラーはシグナルとシンボルについて以下のように論じている。

　　　シグナルとシンボルは理論上、2つの異なった世界に属するのである。

すなわちシグナルは物質的な「存在」の世界の一部であり、シンボルは人間的な「意味」の世界の一部である。シグナルは、オペレーター（操作者）であり、シンボルはデジグネーター（指示者）である。シグナルは、たといシグナルとして了解され、用いられたとしても、一種の物理的または実体的存在である。シンボルはただ機能的価値のみもっているのである。…要するに、動物は実際的想像および知性をもっているのに対し、人間のみが新しい形式のもの——シンボル的想像およびシンボル的知性——を発展させたということができる。　　　　　　　　（カッシーラー, 1997, pp. 76-78）

　メルロ＝ポンティは、心理学研究の古典とされるケーラーの『類人猿の知恵試験』で紹介されている実験例を手がかりとしてチンパンジーの行動の構造を探究している。これも木田（1991）が要領よく説明してくれているので、『行動の構造』の当該部分も参照しつつ、木田に依拠して要約する。ケーラーのチンパンジーは、竹竿をつなぎ合わせて遠くにあるエサを引き寄せたり、箱を積み重ねて高いところにあるエサを取ったりすることができた。しかし、実際には、チンパンジーが棒を道具として使用するのはあらかじめ棒がエサの手前の適当なところに置かれているか、少なくとも棒とエサとが一目で見渡せる場合に限られた。また、箱を踏み台にしてエサを取る操作を習得したはずのチンパンジーも、その箱に他のチンパンジーが座っているとそれを踏み台にして利用しようとはしない。つまり、チンパンジーにとって、エサの手前にある棒と離れたところにある棒や、踏み台としての箱と腰掛けとしての箱は、それぞれ違った意味をもった2種類の対象なのであり、同一の事物の二面、つまり同一の対象の異なる現れ方ではないのである。チンパンジーは一定の意味を捉えているとは言えるが、その意味は、その時々の場の実際的な構成によって与えられる機能値にすぎないのである。対象を単なる機能値から解放して常に道具として使うことができるためには、現に与えられている状況の構造とそこから浮かび上がるそれとは異なる状況の構造を関係づけるような高次の構造化の能力が必要なのである。

　人間はそうした高次の構造化ができる。そして、人間にはそうした高次の構造化ができるだけでなく、それを歴史的に幾重にも積み重ね上げて重層的にシ

ンボル的知性の世界を構築することができるのである。メルロ＝ポンティはそのような人間の行動形態を行動の**シンボル形態**と呼んでいる。

　メルロ＝ポンティは、物理的・生物的自然を変容し、そこに新たな構造を実現するこの人間活動を、ヘーゲルにならって労働と呼んでいる。労働という見方は、直接的環境の「向こう側」に多くの視点から見ることができる「対象の世界」を認める見方であり、マルクスの実践と重なる観点である。

　メルロ＝ポンティの構造の哲学から始まった人間の行動形態についての議論を木田は以下のように結んでいる。哲学・思想でしばしば用いられ、以下の引用中にもある「存在者」というのは、「存在していると認められるものやこと」である。

　　　シンボル的行動によって、人間は直接的自然的環境を越え、いわば、〈世界〉に開かれることになる。人間存在が〈世界内存在〉という基本構造をもつといわれるのも、実はこの意味にほかならない。したがって、ここで言われる〈世界〉とは、決して存在者の全体を指すのではない。それは、物理的・生物的自然の構造を超出して、そこに創出された人間的な〈構造〉であり、しかも、この構造が人間によってつくり出されたシンボルの体系である以上、それはむしろ人間そのものの存在構造だと言ってもよいであろう。
　　　　　　　　　　　　　　　　　　　　　　（木田, 1991, pp. 68-69）

　このような人間の存在についての世界内存在という見方は、本節の冒頭で紹介したカッシーラーのシンボルについての見解と照応している。

2. 世界内存在

2-1　ハイデガーの『**存在と時間**』

　ハイデガーの実存論に入る前に、ハイデガーの実存哲学の位置について述べておきたい。周知のように、ハイデガーの『**存在と時間**』は当初は上巻と下巻の2巻構成の予定だった。1927年に刊行された『**存在と時間**』の上巻は、発表

されるやいなや圧倒的な評価を受け、ハイデガーはそれ一冊で哲学界における地位を確立した。そして、瞬く間にドイツ思想界の形勢を変えたと言われている。一方で、下巻の刊行は長い間引き延ばされたあげく、結局1953年に断念された（木田, 1970, p. 87）。

　木田によると、ハイデガーは『存在と時間』の2巻でソクラテス以前の古代ギリシア哲学者にまで遡って存在そのものの意味を探究することをもくろんでいたが、結局その入口として発表された人間存在の実存の分析を扱った上巻だけが一人歩きした。その結果、上巻だけの『存在と時間』はハイデガーのもともとのもくろみに反して、実存哲学の書として広く一般に受け入れられることとなった。本章でも、ハイデガーの本来の関心やもくろみは顧慮することなく、現存の『存在と時間』で展開されている世界内存在の議論に注目することとする。ちなみに、本章内で、『存在と時間』の「上」や「下」とされているのは、この上巻の邦訳の「上」と「下」である。

2-2　現存在の分析

　先にも言ったように、存在者とは「存在していると認められるものやこと」であり、端的に言うとわたしたちが認めている世界や現実やその中の対象である。存在者とは何か、そもそも存在するとはどういうことかに根本的な関心をおくハイデガーは、人間存在を手がかりとして存在の分析を始める。人間だけが自己以外の存在者と関わっているだけでなく、自身の存在を存在しなくてはならないという形で自己自身の存在と関わり合いながら、同時に存在とは何かと問うこともできる特殊な存在だからである。そのような人間存在をハイデガーはいったん"Dasein"と呼ぶ。ドイツ語の"Dasein"はもともとは"da"（そこに）"sein"（ある）という意味で、ハイデガーは「存在が立ち現れる現場」というような意味で"Dasein"を使っている。通常は**現存在**と訳されている。現存在という見方には、いっさいの存在者の存在を意識の**志向性**（intentionality）に立ち返って問おうとしたフッサールの発想が受け継がれていると見てよいが、ハイデガーは意識という概念を注意深く避けていることになる。

　ハイデガーは、まずわたしたちが何気なくそこで生きている**日常性**

（Alltäglichkeit）の分析から存在の探究を始める。日常性とは、フッサールの言う**自然的態度**（die natürliche Einstellung）に基づく生き方である。そして、自然的態度に基づくフッサールの言う**世界定立**（Weltthesis）ということを世界内存在として捉え直したのである。

　フッサールにおける自然的態度でもわたしたちは世界を定立しつつ逃れがたくその事実的世界につながれているという事態が含まれているが、ハイデガーにおいてもそれは**投企**（Entwurf）と**被投性**（Geworfenheit）が分かちがたく結びついているという事態として捉えられている。わたしたちは世界の内に否応なく投げ出されているのであるが、そうした世界内存在をどのように生きて自己をどのように存在させるかを委ねられ、そして自身の責任において存在の投げ企てを絶えることなく続けなければならないのである。

2-3　ひと（das Man）と本来的実存

　本章の関心は世界内存在とことばとの関係であるが、ここでひと（das Man）と本来的実存についてのハイデガーの議論を見ておかなければならない。この部分では、ハイデガーの議論は幾分道徳的な方向に傾く。

> 　現存在は日常的相互存在としては、ほかの人びとの司令下にあるということを意味する。現存在がみずから存在しているのではなく、ほかの人びとが彼から存在を取りあげてしまったのである。ほかの人びとの思惑が、現存在のさまざまな日常的存在様式を操っている。
>
> （ハイデッガー, 1994a, p. 276）

　これがハイデガーの言う、非本来的な生き方をするひとである。木田によると、そこでハイデガーは存在の真の意味を捉えるためには存在の開示の場である現存在そのものが**本来性**（Eigentlichkeit）を取り戻さなければならないと考えて、フッサールの現象学的還元の操作を援用する。そして、そこに「死」ということを導入する。つまり、日常性に生きているひとは、死の不安に襲われることによって、自然的態度によって装われた自己充足性を打ち破られ、かけがえのない自己に目覚め、自身の存在を自身の存在として引き受けるようにな

る。その結果、主体的に投企しようという**本来的実存**を回復するのである（木田, 1991, pp. 80-81）。こうしたハイデガーの道徳的とも言える議論を木田は以下のようにまとめている。

> もともと実存Eksistenzとは外に抜け出、超え出ることであった。つまり、本来的実存、真の人間存在の在り方とは、日常的に物との交渉に明け暮れしている〈ひと〉として自己を超え出る、その自己超越の運動なのだと考えてよいだろう。…われわれはこの自己超越の運動のなかで、むしろ世界へと超出し、われわれの事実的な被投性、われわれの有限性をますます深く自覚し、それを意識的に引き受けることになるのである。
>
> （木田, 1991, p. 81）

　現存在の実存のあり方にこうした視点を採り入れることによって、ハイデガーは現存在の実存を**時間性**（Zeitlichkeit）として捉えていく『存在と時間』の第2編の議論を展開していくのである。

3. 地平的図式と話（Rede）

3-1　心　境
　ハイデガーは、現存在の実存論的構成の議論の中で、基本的な実存範疇の第一として**心境**（Befindlichkeit）を挙げている。実存範疇としての心境は気分や気持ちとも呼び替えられる。ハイデガーは、心境に基づいて世界の事実が開示されて同時にその事実の中に投げ入れられるものとして現存在の実存の様態を描いている。以下の引用の通りである。

> 気持ちのなかで現存在はいつもすでに気分的に開示されている。それは、現存在がおのれの存在において・それ・へ・と引き渡されている・と・こ・ろ・の存在者として開示されている。そしてこのことは、とりもなおさず、現存在が実存しつつみずからそれであるべき存在へ引き渡されているということ

なのである。…この《とにかくある》という事実を、われわれはこの存在者の、その現のなかへの被投性（Geworfenheit）となづける。すなわち、現存在は、みずから世界＝内＝存在としておのれの現を存在するというありさまで、おのれの現のなかへ投げられているのである。…心境のなかで開示された「事実」（Dass）は、世界＝内＝存在というありさまで存在する存在者の実存論的性格として捉えられなければならない。…現存在という性格をそなえた存在者がおのれの現を存在するのは、それが――あからさまであるにせよ、ないにせよ――被投性の心境においておのれを見いだすというありさまにおいてである。心境において、現存在はいつもすでにおのれ自身の前へ連れだされている。　（ハイデッガー, 1994a, pp. 293-295）

　つまり、人が存在するときは常に特定の気分や心境において存在する。人は特定の気分や心境なしに存在することはできない。これが「現存在がおのれの存在においてそれへと引き渡されているところの存在者として開示されている」ということである。そして、被投性とはそのように特定の気分や心境にあって自身をその発現源として世界を投企する現存在は、翻ってそうした世界内存在として「そこ」に存在するという様態で「そこ」に投げ入れられるということである。

3-2　現存在と話

　こうした現存在と言語はどのように関わっているのだろうか。ハイデガーは、心境と**了解**（Verstehen）を世界内存在の開示態を構成している基礎的な実存範疇と位置づけ、さらに了解の中には**解意**（Auslegung）、つまりその意を解する可能性、ハイデガーの言葉では領得する可能性が含意されていると言う。そして、言語を主題として採り上げる議論を以下のように始めている。

　　われわれは言明によって、解意の究極的な派生態をあきらかにした。こ̇こ̇ではじめて言語を主題として取りあげるのは、この現象がその根を現存在の開示態という実存論的構成のうちにもつものであることを示唆しようとするためである。言語の実存論的＝存在論的基礎は話̇である。

こうした文脈で**話**（ドイツ語でRede、日本語では話や話すこと）が登場する。ハイデガーは続ける。

> 話（Rede）は、心境および了解と、実存論的には同根源的である。了解可能性は、それを領得する解意がおこなわれる以前にも、いつもすでに分節されている。話は了解可能性の分節である。したがって、それはすでに解意や言明の基礎になっているわけである。　（ハイデッガー, 1994a, p. 345）

そして、話をめぐるそのような事情をさらに以下のように説明している。

> 話が――現の了解可能性の分節が――開示態の根源的実存範疇であって、この開示態が第一義的には世界＝内＝存在によって構成されるのだとすると、話もまた本質上、特有の世界的な存在様相をもっているはずである。すなわち、世界＝内＝存在の心境的な了解可能性は、おのれを話として語り明かす。了解可能性の意義全体は、発言して言葉（Wort）となる。
> （ハイデッガー, 1994a, p. 346）

こうした存在と話や言葉と思考の関係は、第二次大戦後に刊行され、ハイデガーのもう一つの重要著作である『「ヒューマニズム」について』の冒頭部で改めて定式化されることとなる。ここでは、出版されている翻訳ではなく、より意を汲んで訳出していると見られる木田の訳を紹介する。英語訳も参照した。

> すべてに先だ立ってまず〈ある〉のは、存在である。**思考は、人間の本質へのこの存在の関わりを仕上げる**のである。思考がこの関わりをつくりだしたり惹き起こしたりするわけではない。**思考はこの関わりを、存在からゆだねられたものとして、存在に捧げる**だけのことである。この捧げるということの意味は、**思考のうちで存在が言葉となって現れる**ということに

ほかならない。**言葉こそ存在の住居である。言葉というこの宿りに住みつくのが人間**なのである。(『「ヒューマニズム」について』の冒頭部、邦訳(ハイデッガー, 1997)では pp. 17-18、ただしここでは木田, 1993 の p. 202 の訳を使用)

　こうしてハイデガーにおける存在と思考と言葉の関係が明らかになる。「言葉」の部分は、ドイツ語では"Sprache"、英訳では"language"となっているが、"Rede"をも合わせて、ディスコースという用語を用いるのがより適切であろう。すなわち、思考は現存在の存在への関わりを存在から委ねられたものとして仕上げる。そして、存在は思考の内でディスコースとなって現れる。つまり、現存在の実存はディスコースとして印される。そして、人間はそのようなディスコースという棲み処に住みついている、ということである。ここに言うディスコースには、外に出された発話やディスコースとともに、外には出されていない内的な発話も含まれていることは容易に理解できる。

3-3　世界内存在の受動性

　木田は、世界内存在のもう一方の特性として受動性を指摘している。世界内存在の受動性を木田は2つの観点で捉えているが、ここではそのうちの一つを採り上げる。

　木田によると、ハイデガーの論では、存在という意味での世界は、さしあたっては各自の世界として与えられるものとなる。しかし、そこに含蓄されている意味を遡っていくと、その世界は決して各自の世界に尽きるものではなく、常にその当事者が世界の内で共存している他人への指示を含んでいると言う。以下、木田の文を直接に引用する。

　　たとえばすべての文化的対象は、その製作者を指示しているし、言語といったシンボルの体系は、それによって意志を伝達し合う他人を予想する。というよりも、**道具連関にせよ社会構造にせよ言語体系にせよ、すべてある程度までは既成のシンボルの体系としてわれわれに与えられる**わけであり、それを構成した他の主観への指示を含んでいる。したがって、**世界は、われわれに〈成りきたった共同的な世界〉として与えられている**わ

けであり、**われわれはそこに入りこんで、その共同的な経験を摂取し、そ
れについて自分なりの新しい経験を重ねていくほかない。** まずはこういっ
た意味で、世界はつねにすでにそこにあるものとして受動的に与えられ
る。 (木田, 1991, pp. 86-87)

ここで言われている「〜を指示している」や「〜への指示を含んでいる」と
いうのは、「〜の存在を含意している」という意味である。そして、上で「世
界は、われわれに〈成りきたった共同的な世界〉として与えられている」や
「世界はつねにすでにそこにあるものとして受動的に与えられる」と論じられ
ているように、世界内存在という現存在の実存は、とりもなおさず社会文化史
的な現象だということである。

3-4　地平的図式あるいは地平

世界内存在の存在様態等について『存在と時間』の第1部第1編で論じたハ
イデガーは、第2編の第4章で、同書の要所となる現存在の実存と時間性との
関わりを投企とも関連させながら論じている。このあたりは前節で焦点化して
論じた第1部第1編の第5章を再論しているような様子である。

同部分でハイデガーは、時間性と現存在の実存について以下のように総括し
ている。

現存在は、おのれ自身の存在可能を主旨として実存している。現存在は実存
しつつ投げられており、投げられているゆえにもろもろの存在者へ引き渡され
ている。すなわち、現存在は現存在として──おのれ自身を主旨として──存
在することができるためには、かような存在者を必要とするのである。

(ハイデッガー, 1994b, p. 287)

趣旨は3-1の最初の引用と同様で、現存在は世界内存在として「そこ」に存
在するという様態で「そこ」に投げ入れられ引き渡されていると言っている。
しかし、3-1の引用との違いは、「もろもろの存在者」や「かような存在者（を
必要とする）」ということに言及している点である。では、この「もろもろの

存在者」とは何なのだろう。続きを見てみよう。

　　現存在は事実的に実存しているかぎり、おのれ自身が《主旨とするもの》と、そのつどの《……するためにあるもの》とのこのような連結においておのれを了解しているのである。実存する現存在のこのような自己了解がおこなわれる場面は、現存在の事実的実存とともに《現に》存在している。第一義的な自己了解がそこでおこなわれる場面は、現存在とおなじ存在様相をもっている。現存在は実存しつつおのれの世界を存在しているのである。

　　　　　　　　　　　　　　　　　　　　　　（ハイデッガー, 1994b, p. 287)

　先の引用での「もろもろの存在者」とは、上記引用の中の「おのれ自身が《主旨とするもの》と、そのつどの《……するためにあるもの》とのこのような連結」らしい。そして、それは、現存在が自己了解を行う「場面」であり、それは「現存在の事実的実存とともに《現に》存在している」と言う。そのような事態をハイデガーは「現存在は実存しつつおのれの世界を存在している」と表現している。**現存在は実存しつつ、自らが存在する世界を在らしめ、そこに存在している**ということである。そして、その次のパラグラフで以下のような論述に行き着く。

　　現の開示態のうちには、世界も、あわせて開示されている。してみれば、有意義性の統一態、すなわち世界の実存論的構成も、やはり時間性にもとづいているはずである。世界の実存的＝時間的可能条件は、時間性が脱自的統一態として、**ある地平のようなもの**を備えていることにある。…このような脱自態の行く手を、われわれは**地平的図式**となづけておく。

　　　　　　　　　　　　　　　　　　　　　　（ハイデッガー, 1994b, p. 287)

　ここでは、第1文で、現存在が投げ入れられる「そこ」あるいは「それ」の開示においては世界も開示されていると言っている。そして、ハイデガーの論においては時間性が存在の起源としてあるわけだが、その時間性が脱自態的統一態として「ある地平のようなものを備えている」と論じている。そして、時

間性に基づく脱自態的な産物を**地平的図式**と呼んでいるのである。

　地平的図式あるいは地平という視点はハイデガーの議論を理解するための梃子になるだろう。すなわち、世界内存在として実存する現存在は、世界内存在として存在するために自らが実存するための地平を自ら開示する。そして同時に、その開示した地平の要の部分に自らも投げ入れられ引き渡されるということとである。つまり、世界内存在として存在する現存在は、**自ら地平という領野を開示して、そして自らもその地平に属するという形で実存する**ということである。そして、そうした現存在の実存の仕方に3-1や3-2で論じたように言語が本源的に関与しているのである。

4.　結　び

本章での考察をまとめると以下のようになる。

1．一般に自己（self）として扱われ論じられているものを原点に差し戻してハイデガーは現存在と呼ぶ。
2．現存在は、世界内存在という形で存在する。つまり、世界内存在として存在する現存在は、自ら地平という領野を開示して、自らもその地平に属するという形で実存する。
3．気持ちの中で現存在はいつもすでに気分的に開示されている。つまり、その都度に地平という領野を開示して、その地平に属するという形で実存している。
4．世界内存在の了解可能性は、自らをディスコースとして語り明かす。あるいは、思考は現存在の存在への関わりを仕上げ、存在は思考の内にディスコースとなって現れる。現存在の実存は、思考の内にディスコースとして印される。そして、人間はそのようなディスコースという棲み処に住みついている。
5．そうしたディスコースには、現存在の持続的な存在と当該の契機での存在の総体が示されている。つまり、そうしたディスコースは広く深く存

在に立脚している。

さらに、実践や労働の概念をも折り込んで本章での議論と考察を敷衍すると以下のような点を指摘することができるだろう。

6. 地平とは、生きることの各々の契機で現存在がその中に自らを見出す世界の景観である。したがって、地平には、広範な地平と局域的な地平、時間的な広がりをもつ歴史的な地平と空間的な広がりの地理的な地平、身体的活動の地平と知的活動の地平、公的な地平と私的な地平など多種多様な地平があり、その多様性は列挙し尽くせない。
7. 世界内存在という現存在の実存は社会文化史的な現象である。そして、現存在の実存の場として立ち現れる地平は文化特殊的なものとなる。
8. 文明の発展と地平の歴史的更新との関係は、それまでの生産・生活様式を基盤とした地平の上に、新たに築き上げられた生産・生活様式を基盤とした新しい地平を重ね上げるという関係になる。

そもそも地平は社会文化史的な産物、つまりは人工の産物であり、その地平において実存するわれわれも人工の産物である。一方で、現代の高度な技術文明社会に生きるわれわれは、行動を高次にシンボル的に統合し組織化した地平に生きる「現代的な世界内存在」として実存している。その重要な特徴の一つは、個人として実存していることと、多かれ少なかれ自己に自覚的であることである（Bruner, 2002）。

われわれのあり方をそのように振り返った場合に、中等教育や高等教育の一環として行われる第二言語教育で注目するのが適当な言語活動領域はどのような領域であろうか。それは、自身がおのずと開示する地平を基盤として、それに反省的な目を向けてその地平の要にある「わたし」を新たな言語で慎重に語り明かすという思考と言語の活動領域ではないだろうか。それは、ハイデガーの言うひと（das Man）を出発点として地平の多様性を改めて自覚しながら「わたし」を紡ぎ上げる活動となる。

そのような思考と言語の活動を柱とする第二言語教育は、言語そのものに注

目してひたすら言語能力を伸ばそうとする構造主義的な第二言語教育ではない
し、実用的なコミュニケーションの教育でもないし、また、文化の違いに好奇
的な関心を寄せる第二言語教育でもない。その第二言語教育は、自身がおのず
と開示してしまう世界と自己の地平を見つめ直して自己を語り直すというクリ
ティカルな思考と言語の活動を通して、各々の学習者が新たな言葉で存在の声
を自覚的に紡ぎ出すことを中心に据えた第二言語教育となる。そうした教育的
営みは、ハイデガーの言う思索や詩作（ハイデッガー, 1997, p. 18）に学習者を
導く教育実践になるとも見ることができる。そのようなスタンスでの第二言語
教育こそ、学校教育あるいは大学教育の一環としての第二言語教育としてふさ
わしいのではないだろうか。

文献案内

□ 基本図書

1. 木田（1991）『現代の哲学』

　フッサール、ハイデガー、サルトル、メルロ＝ポンティ、フロイト、ソ
シュール、レヴィ＝ストロース、フーコーなどはいずれも卓越した現代の思想
家です。このうちの一人の思想家を選んで、その思想を知り、理解するだけで
もたいへんな知的エネルギーが必要です。いろいろな解説書を読んでもやはり
一向にわからないという事態さえ生じかねません。こうした思想を理解するた
めには、むしろそれぞれの思想家がどのような思想的な脈絡に立っていて、そ
うしたかれの「時代」に対してどのような新たな思想を展開したのかを知った
ほうが、その思想をよく理解できると思います。そのようなスタンスで書いて
くれているのが本書です。本書を読むことで、ハイデガーに限らず、上に名前
を列挙した思想家たちの思想の特徴あるいは中心点がよくわかります。

2. ハイデッガー（1997）『「ヒューマニズム」について──パリのジャン・ボーフ
　レに宛てた書簡』

　ウィトゲンシュタインの場合もそうでしたが、門外漢としては、一般に言わ
れているその思想家の到達点を知るのがその思想家を知る一番の早道です。わ

れわれの関心とそのような意味からすると、ハイデガーの思想を知るために最適なのは、その主著の『存在と時間』（ハイデッガー, 1994a; 1994b）ではなく、この本です。この本のおもしろいところは、ハイデガーが書いたのは、p. 17からp. 146までなのですが、それを理解するための訳注がp. 218からp. 312までの約100ページに及んでいることです。そして、訳注ではドイツ語の原語や元の言い回しなども出してくれていて、それが大いに本文理解を助けてくれるのです。実はこの本には、さらに約70ページの解題的訳注（p. 149からp. 217）も付いていて、この本の成立事情などが詳細に解説されています。『「ヒューマニズム」について』というテクストの研究書のようで、訳者の学識に目を見張るばかりです。

□ 概　説
1.　ハイデガーを知る
・木田（1993）『ハイデガーの思想』
　『存在と時間』を中心としてハイデガーの思想とその経緯を知りたいという向きには、この本が適当だと思います。ハイデガーの思想そのものを概説しているわけではありませんが、ハイデガーがどのような思想家で現代思想の形成においてどのような役割をしたかなどがよくわかります。
2.　メルロ＝ポンティの言語論を知る
・木田（1984）「メルロ＝ポンティの言語論」　※木田（1984）所収
　メルロ＝ポンティは20世紀フランスの偉大な思想家であり、その著作は多数にのぼります。また、メルロ＝ポンティの思想を論じた本も膨大にあります。そうした中で、言語論に関心を絞って簡潔に論じられているのがこの論考です。そして、木田によるこの本は、メルロ＝ポンティの思想への入口としても好適です。

□ さらに深めるために
ラングドリッジ（2016）『現象学的心理学への招待 ── 理論から具体的技法まで』
　フッサールに始まり、ハイデガー、メルロ＝ポンティ、サルトル等に至る現象学の系譜を要点を押さえつつ簡潔に説明した上で、現象学的心理学とは何か

をわかりやすく解説してくれています。この本が論じていることは、今人文学系の研究パラダイムとしてもてはやされている質的研究の根幹になるわけで、質的研究に関心をもっている人は、実際的な研究方法の前にこの本を読むべきでしょう。

エピローグ

　本書の最後として、発話やディスコースを軸としながら本書で論じたことば学を俯瞰的に眺めてみたいと思います。そして、最後に改めてそうしたことば学からの第二言語教育へのメッセージを読み解きたいと思います。

□ 俯瞰的なまとめ

わたしたちの振る舞いと現実の構成

　抽象的客観主義の言語観から離脱して、言語を実体ではなく、わたしたち一人ひとりの中で働く言語象徴機構として捉え、実際に行使される**ことばは当事者の存在の行為を体現するシンボル**だと捉えると、結局わたしたちはどういう生き方をする動物で、わたしたちの現実や世界とはどういうものなのかという問いに行き当たります。

　わたしたちの生きる環境はわたしたちにさまざまな様式の活動や行為を可能にするセッティングと道具や装置などに充ち満ちた人工的な環境であり、わたしたちはそうした環境の中で特定の仕方で振る舞いまた振る舞い続けることでわたしたちの**世界**を再現し、**社会的現実**を再生産し、相互行為の**出来事**を構成しています。そのような世界や現実はあらかじめそこにあるものではなく協働的に再生産されるもので、また出来事は一人の当事者が一方的に構成するものではなく共同的に構成しつつ共有していくものです。そのような環境でそのように振る舞いながら世界や現実や出来事がそれぞれ「それ」とわかるのは、**それらを意味あるものとして把捉しつつ振る舞いに従事**しているからです。世界や現実はあらかじめそこにあるものではなく、わたしたちの**意味を求める行為によって生み出され続ける一種の仮想**です。そして、相互行為の出来事もその要素となる振る舞いを意味あるものとして把捉しつつ、そして相手も同じくそのように把捉しているだろうと想定しつつ、それに従事しているからこそ、

「その出来事」となるのであり、その要素の振る舞いも「その行為」となるのです。そして、そうした出来事も行為も実体ではなく、やはり意味的な仮想です。ただし、いずれも仮想とは言っても、実際にそこに「それ」があり、今「その出来事」が起こっていて、「その行為」が行われていると信じ、相手もそのように信じていることを相互に承認しつつ、その領界の住人として振る舞ってわたしたちは生きているわけですから、**「それら」がわたしたちにとって現実**だということになります。そして、わたしたちの言語的な振る舞い、つまり**活動の中での発話やディスコース**もそうした現実構成の一部として特定の意味を帯びるものとなります。ロメットヴェイトが論じているように、ことばに埋め込まれていた意味の可能性（第3章第2節の3、pp. 70-71）が実際の言語活動において顕在化するわけです。

日常的な対面的な出会いと日常的イデオロギー

　対面的な社会的出会いに焦点化して言うと、わたしたちの振る舞いあるいはゴフマンの言う挙動は、身体の動きであれ、表情であれ、視線であれ、発声であれ、いずれも象徴的な行為、つまり意味ある行為として他者に受け取られ（第7章第2節、pp. 146-153）、同じようにさまざまなモードで他者の行為によって応答されます。そして、その応答をまたはじめの当事者が意味ある行為として受け取ります。このように振る舞いあるいは挙動を交換し続けることを通してわたしたちはその現場の現実を象徴的にそして共同的に再生産し、その先端を時々刻々と更新しながらその出会いの言語活動に従事しています。そして、**そうした現実の再生産と更新の中でことば＝言語は枢要な役割**を担っているのです。

　バフチンは、そうした日常的な出会いで構成される出来事とその経験を日常生活的イデオロギーと呼びました（バフチン, 1929/1980, p.199-200; 1926/2002, p.129）。つまり、わたしたちは、わたしたちに与えられている生きる環境を土台として日常生活的イデオロギーの実践に従事しながらわたしたちの生きることを営んでいるということです。そして、バフチンは、日常生活的イデオロギーには、低次の層のものから高次の層のものまであり、それを区別しなければならないと言っています（バフチン, 1926/2002, p. 130）。バフチンの議論を要約す

ると、低次の層の日常生活的イデオロギーとはわたしたちの日常生活の活動の運営に関与するイデオロギーで、高次の層の日常生活的イデオロギーは、宗教、哲学、芸術、学問などのイデオロギー体系と直接に隣接している層です。ここでは、後者のイデオロギー体系を**真のイデオロギー**と呼び、前者を**日常的イデオロギー**と呼びます。そうすると、わたしたちは日常的イデオロギーの実践の上にもう一つ、次に話す真のイデオロギーの実践にも従事していることがわかります。

真のイデオロギーの実践

　高度に発展した社会文化的環境に生きるわたしたちは、わたしたちの現実の一部としてバーガーとルックマンが知識の社会的在庫と呼ぶ象徴的表象の巨大な殿堂を築き上げています（第6章第5節の2、pp. 132-133）。宗教、哲学、芸術、そして科学を含む学問などです。そして、こうした現象は**言語を主要な媒体とすることで可能となるイデオロギー的現象**です。ただし、宗教や芸術などでは図像や音（音楽）なども記号として利用されることは付言しておかなくてはなりませんし、科学では図や表や数式などの広義の記号も使用されています。こうしたイデオロギーをバフチンはイデオロギー体系（バフチン, 1929/1980; 1926/2002）と呼んでいます。それをここでは真のイデオロギーと呼んでいます。日常生活の運営に関与する日常的イデオロギーも、自然物ではなく概念的あるいは観念的なものなので、やはりイデオロギーの一種となります。言うまでもありませんが、日常的イデオロギーと真のイデオロギーは截然と分けられるものではなく、連続的なものです。

　わたしたち一人ひとりは言語を主要な媒介そして媒体として真のイデオロギーの分与にあずかり、日常的イデオロギーの実践に従事することと並行して、**真のイデオロギーの現実の送受という実践**をも行っています。そして、真のイデオロギーの実践も、日常的イデオロギーの実践と同じように共同的に行われており、そのような実践が絶えることなく行われることでこそ真のイデオロギーそのものも現実の一部として存在し続けることができるのです。本書も、人文学という分野においてそのようなイデオロギーの送受の流れの一部に位置づけられることになります。そして、本書を読んでくださっている読者も

本書で筆者がすくい上げたテーマについてのイデオロギーの送受の流れの一端に参画することになります。また、ヴィゴツキーが言っているように、学校というのは、主として学問という真のイデオロギーの実践に子どもたちや若者たちを導き入れ、将来にそうしたイデオロギーの実践に従事できるように、あるいはそうしたイデオロギー的現実を多かれ少なかれ基礎として社会的に振る舞うことができるように、かれらを訓育するためにしつらえられた社会的な装置だということになります（第2章第4節の3、pp. 52-53）。

自己とことば

　こうした見方に従って言うと、自己というのはそれに相当する実体があらかじめあって当事者がそれを表現しているのではなく、むしろゴフマンが言うように、**具体的に提示される諸場面からあふれ出るように立ち現れる演劇的効果**となります。つまり、自己は繰り広げられる諸場面の産出効果であって、場面の原因ではないということです（第7章第2節の1、pp. 146-148）。ただし、詳しい議論は本書の趣旨とあまり関係がないので省略しますが、諸場面で外には出さないが内的に湧き上がる言葉つまり内言（バフチン, 1929/1980, p. 212）も自己の一部だと見てよいと思います。なぜなら、そうした内言は外言化されないとはいえ、当該の場面でのその当事者の反応の一部であることは間違いないからです。

　一方で、自己は、ルリアが調査したウズベキスタンの農夫の例が示しているように、またフォークサイコロジーの議論でブルーナーが指摘しているように、その人の話し方や自己のストーリーなどがそのままその当事者の自己を示すものとなります（第5章第3節、pp. 107-113）。そして、そうした特徴ある話し方や仕立て上げられた自己のストーリーなどは、実は、かれらが属する文化の中においてある種の型としてあらかじめ形成されそれに内属していて、成長を通してかれらに供され、内具されるのです。そして、そうした型もまたことばのジャンルの一つとなります。

現実の構成と文化とことばのジャンル

　ことばのジャンルは、当該のスピーチ・コミュニティに生きる人々の間で共

有されている文化的リソースです。それは即物的な実体ではありません。人々はそれぞれにことばのジャンルに基づく言語象徴機構を内具しており、それを作動させて言語活動に従事して、現実を再生産し、出来事を構成し、行為を行い、自己を呈示します。そのように動員されたことばのジャンルは、発話やディスコースとして具体的な姿を獲得します。そして、逆に言うと、そうした**発話やディスコースはことばのジャンルの具象化として、日常イデオロギーや真のイデオロギーや自己などの具体的で個別的な現実の構成とそれらの背後にある文化とのつなぎ目**となっているのです。

□ 第二言語教育者へのメッセージ

　以上のような言語についての見方は、言語を抽象化された記号の体系と見る抽象的客観主義と鮮明なコントラストをなします。こうした言語観によるならば、言語の現実は、バフチンが言うように、出来事を構成する言語活動とその中で現れる発話やディスコースとなります（バフチン、1929/1980, p. 208、第1章第2節2と3、pp. 20-22）。そのようなことばつまり発話やディスコースを、現実を構成したり自己を示したりする人として生きることの実践としての言語活動から切り離して抽象化することは、言語を言語でないものにすることになります。しかしながら、第二言語の習得と教育を考えると、成人学習者の場合、習得途上の第二言語で言語活動に従事しているときに、ことばの中の語や句や文やその意味が意識化されて、それを実体的な言語事項として捉えてそれに向き合ってしまうことがあることは打ち消しがたい事実としてあります。このような二律背反をわたしたちはどのように調停すればいいのでしょうか。

　これを乗り越えるための方策は、**実際の実践として言語活動に従事することと言語を習得することを重ね合わせる**ことです。つまり、まず学習と学習指導の状況について言うと、**言語技量が限定されている状況でも十全ではないながらも従事できる言語活動の脈絡を学習者に提供し、その脈絡で学習者が適宜に他者に支援されながら言語活動に従事する**という活動とその経験をすることです。そうした脈絡では学習者は不完全ながらも言語活動に従事しているわけで、その上で言語活動に従事している脈絡で適宜に支援を得ているので、学習

者は言語活動従事に直結した「当て布」をするような形で未習や未習熟の言語事項や言葉遣いを経験することができるわけです。そして、**そのような脈絡でのそのような活動とその経験を言語技量の育成に資するように豊富に積み重ねる**ことです。教育企画について言うと、**上のような活動の機会が与えられて言語技量の育成が最適に進行するように一連の活動状況を計画し提供すること**です。この2つを達成することができれば、**言語活動に従事することと重ね合わせた言語習得の経路**を実現することができます。筆者が書いたもう一つの本（西口, 2020）では、そうした日本語教育の企画についてより詳しく論じるとともに、具体的な教授実践の原理と方法も提示しています。

□ 結 び

　本書での議論が示しているように言語というものは本来モノとして捕捉することができるものではありません。第二言語教育においてはその言語を扱わなければなりません。しかし、言語教育者は、抽象的客観主義に基づく従来の第二言語教育がしたように、言語を実体として捉えてそれを教えるように要求されているわけではありません。上で概略的に論じたように、言語活動に従事することと重ねる形で言語象徴機構につながる言語技量が着実に育成されるように一連の活動状況を企画して適切な言語活動の脈絡を整えて、そして言語技量の育成に資する経験を豊富に学習者に提供することができれば、第二言語教育としての責務を十二分に果たすことができます。ことば学はそのように新たに第二言語教育を企画するための発想と理論的基盤を提供してくれます。そして、そうした新たな構想の下で有効な教授を実践するためにはやはりことば学的な素養が必要です。ことば学は、言語教育者が特定言語の教師であることを超えて第二言語教育の高度な専門家へと変容していくための欠くべからざる専門的な素養なのです。

おわりに

　プロローグでも書いたように、本書は、筆者が過去10年くらいの間に書きためた論考のアンソロジーです。それぞれの論考は、その直前の論考に続いて書かれているので、割合一定の脈絡のあるアンソロジーになっているように思います。

　筆者自身の日本語教育者というアイデンティティは今までも今も少しも変わりませんが、一方で過去20年くらいは第二言語教育学を人文学の立派な一分野にしたいと願ってきました。さまざまな文化的言語的背景の人々が交流し接触することが常態となっている現代社会において言語教育は重要な役割を担っているという言説をしばしば耳にしますが、そこで言う言語教育の捉え方について第二言語教育学の研究者から実質のある考究や視座が提示されていないと思っていたからでしょう。約10年前に上梓したバフチンの本が第一歩で、今回のこの本が第二歩です。両者は、筆者の思いが長い時間を経て結実したものです。本書をきっかけとして、第二言語教育学が人文学としっかりとしたつながりを結ぶことができ、第二言語教育のためのことば学がその地歩を築くことができればたいへん幸いに思います。

　いつものように、毎月開催しているNJ研究会の皆さん、そして大阪大学大学院言語文化研究科博士後期課程のゼミの皆さんが本書の原稿を読んでくださり、有益なコメント等をくれました。皆さんとの日常的な交流がいつも筆者の研究活動の原動力になっています。ありがとう。また、本書の出版を快諾してくださった福村出版社長の宮下基幸さんに感謝します。編集の労を担い、詳細にわたり適切なサジェッションをしてくれた佐藤珠鶴さんと小山光さんにも感謝します。研究仲間の田島充士さんは宮下社長との仲介の労をとってくださり、また心理学の立場から第2章と第5章を中心に有益なコメントをくれました。ありがとうございました。最後になりましたが、あいかわらず一書生のように仕事に取り組んでいる筆者をいつも応援し支えてくれる連れ合いの美香

と、立派に成長し時に話し相手にもなってくれる遼に心からの感謝を贈りたいと思います。

参考文献

邦文

- ・バフチンとメドヴェージェフの文献については、原著出版年あるいは執筆年と邦訳出版年の両者を「/」で区切って示している。
- ・ヴィゴツキーとバフチンの文献を中心に、必要と思われるものについては「※」で文献情報を記している。

イーザー, W.（1982）『行為としての読書——美的作用の理論』轡田収訳、岩波書店.

石黒ひで（1993）「『言語論的転回』とはなにか」、岩波講座現代思想4『言語論的転回』新田義弘・丸山圭三郎・子安宣邦・三島憲一・丸山高司・佐々木力・村田純一・野家啓一編、岩波書店.

井上俊・船津衛編（2005）『自己と他者の社会学』有斐閣.

ヴィゴツキー, L. S.（1987）『心理学の危機——歴史的意味と方法論の研究』柴田義松・藤本卓・森岡修一訳、明治図書. ※所収論文は1925年から1930年に執筆

ヴィゴツキー, L. S.（2001）『思考と言語 新訳版』柴田義松訳、新読書社. ※ロシア語原著は1934年出版

ヴィゴツキー, L. S.（2002）『新 児童心理学講義』柴田義松他訳、新読書社. ※所収論文は、1930年から1934年に執筆

ヴィゴツキー, L. S.（2003）『「発達の最近接領域」の理論——教授・学習過程における子どもの発達』土井捷三・神谷栄司訳、三学出版. ※ロシア語原著は1935年出版

ヴィゴツキー, L. S.（2005）『文化的-歴史的精神発達の理論』柴田義松監訳、学文社. ※所収論文は1930年から1931年に執筆

ヴィゴツキー, L. S.、ルリア, A. R.（1987）『人間行動の発達過程——猿・原始人・子ども』大井清吉・渡辺健治監訳、明治図書. ※ロシア語原著は1930年出版

ウィトゲンシュタイン, L.（1975）『ウィトゲンシュタイン全集1 論理哲学論考 草稿一九一四-一九一六 論理形式について』奥雅博訳、大修館書店.

ウィトゲンシュタイン, L.（1976）『ウィトゲンシュタイン全集8 哲学探究』藤本隆志訳、大修館書店.

影浦峡・田中久美子（2007）『ソシュール 一般言語学講義：コンスタンタンのノート』東京大学出版会.

カッシーラー, E.（1989）『シンボル形式の哲学（1）第1巻 言語』生松敬三・木田元訳、岩波書店.

カッシーラー, E.（1997）『人間——シンボルを操るもの』宮城音弥訳、岩波書店.

ガブリエル, M.（2018）『なぜ世界は存在しないのか』清水一浩訳、講談社.

木田元（1970）『現象学』岩波書店.

木田元（1984）『メルロ＝ポンティの思想』岩波書店.

木田元（1991）『現代の哲学』講談社.

木田元（1993）『ハイデガーの思想』岩波書店.

木田元（1995）『反哲学史』講談社.

木田元（1996）『哲学と反哲学』岩波書店.

木田元（2000）『ハイデガー『存在と時間』の構築』岩波書店.

木田元（2007）『反哲学入門』新潮社.

草柳千早（2005）「演じる私」『自己と他者の社会学』井上俊・船津衛編、有斐閣.

百済正和・西口光一（2019）「ポストメソッド時代の言語教育デザイン」『コミュニケーションとは何か――ポスト・コミュニカティブ・アプローチ』佐藤慎司編、くろしお出版.

グッドマン, N.（2008）『世界制作の方法』菅野盾樹訳、筑摩書房.

黒崎宏（1997）『言語ゲーム一元論――後期ウィトゲンシュタインの帰結』勁草書房.

黒田亘編（2000）『ウィトゲンシュタイン・セレクション』平凡社.

桑野隆（2002）『バフチン 新版――〈対話〉そして〈解放の笑い〉』岩波書店.

桑野隆（2020）『増補 バフチン――カーニヴァル・対話・笑い』平凡社.

佐々木正人（2008）『アフォーダンス入門――知性はどこに生まれるか』講談社.

佐々木正人（2015）『新版 アフォーダンス』岩波書店.

スピノザ（1931）『知性改善論』畠中尚志訳、岩波書店. ※原著出版年は1677年

ソシュール, F.（1972）『一般言語学講義』小林英夫訳、岩波書店. ※原著初版出版は1916年

互盛央（2009）『フェルディナン・ド・ソシュール――〈言語学〉の孤独、「一般言語学」の夢』作品社.

長滝祥司（1999）『知覚とことば――現象学とエコロジカル・リアリズムへの誘い』ナカニシヤ出版.

中村和夫（2004）『ヴィゴーツキー心理学 完全読本――「最近接発達の領域」と「内言」の概念を読み解く』新読書社.

西口光一（1991）「コミュニカティブ・アプローチ再考――伝統的アプローチとの融合をめざして」『日本語教育』75号、pp. 164-175.

西口光一（1999）「状況的学習論と新しい日本語教育の実践」『日本語教育』100号 、pp. 7-18.

西口光一（2001a）「発達の最近接領域としてのチュートリアル・セッション」『多文化社会と留学生交流』第5号、pp. 1-18.

西口光一（2001b）「状況的学習論の視点」、青木直子他編『日本語教育学を学ぶ人のために』世界思想社.

西口光一（2003a）「異言語話者接触研究のためのパースペクティブを求めて――異言語話者理解を中心に」科学研究費補助金基盤研究（C）課題番号11680315『対話の協働活動としての日本語母語話者と非母語話者の相互作用に関する実証的研究』研究成果報告書所収.

西口光一（2003b）「言語とコミュニケーションを再考する──バフチンとオングの言語論と第二言語教育への示唆」『人間主義の日本語教育』岡崎洋三・西口光一・山田泉編著、凡人社.

西口光一（2005a）「異言語話者接触を見直す」『文化と歴史の中の学習と学習者──日本語教育における社会文化的パースペクティブ』西口光一編著、凡人社.

西口光一（2005b）「インターアクションの中に入る──なぜ母語話者は第二言語話者のパフォーマンスを援助できるのか」『多文化社会と留学生交流』第9号、pp. 19-33.

西口光一編著（2005）『文化と歴史の中の学習と学習者──日本語教育における社会文化的パースペクティブ』凡人社.

西口光一（2006）「言語的思考と外国語の学習と発達」『ヴィゴツキー学』第7巻、pp. 27-33.

西口光一（2011）「ヴィゴツキー心理学から見た第二言語の習得」『社会と文化の心理学──ヴィゴツキーに学ぶ』茂呂雄二・田島充士・城間祥子編、世界思想社.

西口光一（2012a）『NEJ──テーマで学ぶ基礎日本語』くろしお出版.

西口光一（2012b）『NEJ──指導参考書』くろしお出版.

西口光一（2013）『第二言語教育におけるバフチン的視点──第二言語教育学の基盤として』くろしお出版.

西口光一（2014）「総合中級日本語のカリキュラム・教材開発のスキーム」『多文化社会と留学生交流』第18号、pp.77-85.

西口光一（2015）『対話原理と第二言語の習得と教育──第二言語教育におけるバフチン的アプローチ』くろしお出版.

西口光一（2016）「調和のある創造的で優れた教育を実践するための教育実践ガイドライン」『多文化社会と留学生交流』第20号、pp. 65-73.

西口光一（2017a）「表現活動と表現活動主導の第二言語教育」『多文化社会と留学生交流』第21号、pp. 37-45.

西口光一（2017b）「コミュニカティブ・アプローチの超克──基礎日本語教育のカリキュラムと教材開発の指針を求めて」Web版『リテラシーズ』20、pp. 12-23.

西口光一（2018a）「人間学とことば学として知識社会学を読み解く──第二言語教育学のためのことば学の基礎として」『多文化社会と留学生交流』第22巻、pp. 1-11.

西口光一（2018b）「言語教育におけるナラティブ主義とヴィゴツキーとバフチン」『ヴィゴツキー学』別巻第5号、pp. 97-104.

西口光一（2018c）『NIJ──テーマで学ぶ中級日本語』くろしお出版.

西口光一（2020）『新次元の日本語教育の理論と企画と実践』くろしお出版.

野家啓一（1993）「ウィトゲンシュタインの衝撃」、岩波講座現代思想4『言語論的転回』新田義弘・丸山圭三郎・子安宣邦・三島憲一・丸山高司・佐々木力・村田純一・野家啓一編、岩波書店.

ハイデッガー, M.（1994a）『存在と時間 上』細谷貞雄訳、筑摩書房.

ハイデッガー, M.（1994b）『存在と時間 下』細谷貞雄訳、筑摩書房.

ハイデッガー, M.（1997）『「ヒューマニズム」について──パリのジャン・ボーフレに宛て

た書簡』渡邊二郎訳、筑摩書房.

バーガー, P. L. (2018)『聖なる天蓋——神聖世界の社会学』薗田稔訳、筑摩書房.

バッキンガム, W. 他 (2012)『哲学大図鑑』小須田健訳、三省堂.

バフチン, M. M. (1919/1999)「芸術と責任」佐々木寛訳、『ミハイル・バフチン全著作』第1巻、伊東一郎・佐々木寛訳、水声社.

バフチン, M. M. (1920-24/1999a)「行為の哲学によせて」佐々木寛訳、『ミハイル・バフチン全著作』第1巻、伊東一郎・佐々木寛訳、水声社.

バフチン, M. M. (1920-24/1999b)「美的活動における作者と主人公」佐々木寛訳、『ミハイル・バフチン全著作』第1巻、伊東一郎・佐々木寛訳、水声社.

バフチン, M. M. (1926/1979)「生活の言葉と詩の言葉」『フロイト主義』磯谷孝・斎藤俊雄訳、新時代社.

バフチン, M. M. (1926/2002)「生活のなかの言葉と詩のなかの言葉」桑野隆訳、『バフチン言語論入門』桑野隆・小林潔編訳、せりか書房.

バフチン, M. M. (1926-30/2002)『バフチン言語論入門』桑野隆・小林潔編訳、せりか書房.

バフチン, M. M. (1927/1979)『フロイト主義』磯谷孝・斎藤俊雄訳、新時代社.

バフチン, M. M. (1929/1980)『言語と文化の記号論——マルクス主義と言語の哲学』北岡誠司訳、新時代社.

バフチン, M. M. (1929/1989)『マルクス主義と言語哲学——言語学における社会学的方法の基本的問題』桑野隆訳、未來社.

バフチン, M. M. (1930/2002)「芸術のことばの文体論」小林潔訳、『バフチン言語論入門』桑野隆・小林潔編訳、せりか書房.

バフチン, M. M. (1934-35/1996)『小説の言葉』伊東一郎訳、平凡社.

バフチン, M. M. (1952-53/1988)「ことばのジャンル」佐々木寛訳、『ことば 対話 テキスト』新谷敬三郎・伊東一郎・佐々木寛訳、新時代社.

バフチン, M. M. (1959-61/1988)「テキストの問題」佐々木寛訳、『ことば 対話 テキスト』新谷敬三郎・伊東一郎・佐々木寛訳、新時代社.

バフチン, M. M. (1961/1988)「ドストエフスキー論の改稿によせて」伊東一郎訳、『ことば 対話 テキスト』新谷敬三郎・伊藤一郎・佐々木寛訳、新時代社.

バフチン, M. M. (1963/1995)『ドストエフスキーの詩学』望月哲男・鈴木淳一訳、筑摩書房.

バフチン, M. M. (1974/1988)「人文科学方法論ノート」新谷敬三郎訳、『ことば 対話 テキスト』新谷敬三郎・伊東一郎・佐々木寛訳、新時代社.

バフチン, M. M. (1988)『ことば 対話 テキスト』新谷敬三郎・伊東一郎・佐々木寛訳、新時代社.

廣松渉 (1990)『今こそマルクスを読み返す』講談社.

フッサール, E. (1995)『ヨーロッパ諸学の危機と超越論的現象学』細谷恒夫・木田元訳、中央公論社.

ブルーム, B. S.、ヘスティングス, J. T.、マドゥス, G. F. (1973)『教育評価法ハンドブック——教科学習の形成的評価と総括的評価』梶田叡一・渋谷憲一・藤田恵璽訳、第一法規出版.

ベイトソン, G.（2000）『精神の生態学』佐藤良明訳、新思索社．※原典は1972年出版

ホワイト, H.（2017）『実用的な過去』上村忠男監訳、岩波書店．

マトゥラーナ, H.、バレーラ, F.（1997）『知恵の樹──生きている世界はどのように生まれるのか』管啓次郎訳、筑摩書房．

マルクス, K.（2002）「フォイエルバッハに関するテーゼ」『新編輯版 ドイツ・イデオロギー』マルクス, K.、エンゲルス, F. 著、廣松渉編訳、小林昌人補訳、岩波書店．

マルクス, K.（2010）『経済学・哲学草稿』長谷川宏訳、光文社．

マルクス, K.、エンゲルス, F.（1974）『手稿復元・新編輯版 ドイツ・イデオロギー』廣松渉編訳、河出書房新社．

マルクス, K.、エンゲルス, F.（2002）『新編輯版 ドイツ・イデオロギー』廣松渉編訳、小林昌人補訳、岩波書店．

丸山圭三郎（1981）『ソシュールの思想』岩波書店．

丸山圭三郎（1983）『ソシュールを読む』岩波書店．

メドヴェージェフ, P. N.（1928/2005）『文芸学の形式的方法』磯谷孝・佐々木寛訳、『ミハイル・バフチン全著作 第2巻』磯谷孝・佐々木寛訳、水声社．

メルロ＝ポンティ, M.（1964）『行動の構造』滝浦静雄・木田元訳、みすず書房．

メルロ＝ポンティ, M.（1967）『知覚の現象学1』竹内芳郎・小木貞孝訳、みすず書房．

メルロ＝ポンティ, M.（1969）『シーニュ1』竹内芳郎監訳、みすず書房．

茂呂雄二（1999）『具体性のヴィゴツキー』金子書房．

茂呂雄二（2002）「ディアロギズム心理学の構想──バフチンと心理学の対話」『思想──バフチン再考』No. 940、2002年第8号、pp. 138-148.

安川一編（1991）『ゴフマン世界の再構成──共在の技法と秩序』世界思想社．

ラングドリッジ, D.（2016）『現象学的心理学への招待──理論から具体的技法まで』田中彰吾・渡辺恒夫・植田嘉好子訳、新曜社．

ルリア, A. R.（1976）『認識の史的発達』森岡修一訳、明治図書．※ロシア語原典は1974年出版

ルリア, A. R.（1982）『言語と意識』天野清訳、金子書房．※ロシア語原典は1979年出版

レオンチェフ, R. N.（1987）「序文──エリ・エス・ヴィゴツキーの創造の道程」『心理学の危機』ヴィゴツキー, L. S. 著、柴田義松・藤本卓・森岡修一訳、明治図書．

ローティ, R.（1993）『哲学と自然の鏡』野家啓一監訳、産業図書．

英文

・出版年が2つある場合は、前が原著出版年あるいは執筆年で、後ろが訳書出版年である。

Bakhtin, M. (1981) *The Dialogic Imagination: Four Essays*. Holquist, M. (ed.), Emerson, C. and Holquist, M. (trans.). Austin: University of Texas Press.

Bakhtin, M. (1986) *Speech Genres and Other Late Essays*. Emerson, C. and Holquist, M. (eds.), McGee, V. W. (trans.). Austin: University of Texas Press. ※ロシア語原著からの邦訳はバフチン（1988）

Bakhtin, M. M. and Medvedev, P. N. (1928/1978) *The Formal Method in Literary Scholarship: A Critical Introduction to Sociological Poetics*. Wehrie, A. J. (trans.). Baltimore: The John Hopkins University Press. ※ロシア語原著からの邦訳はメドヴェージェフ (1928/2004)

Berger, P. L.（1967）*The Sacred Canopy: Elements of Sociological Theory of Religion*. New York: Anchor Books. 蘭田稔訳（1979）『聖なる天蓋――神聖世界の社会学』新曜社、蘭田稔訳（2018）.

Berger, P. L. and Luckmann, T.（1966）*The Social Construction of Reality: A Treatise in the Sociology of Knowledge*. New York: Anchor Books. 山口節郎訳（2003）『現実の社会的構成――知識社会学論考』新曜社.

Bruner, J.（1983）*In Search of Mind: Essays in Autobiography*. New York: Harper and Row. 田中一彦訳（1993）『心を探して――ブルーナー自伝』みすず書房.

Bruner, J.（1986）*Actual Minds, Possible Worlds*. Cambridge, MA: Harvard University Press. 田中一彦訳（1998）『可能世界の心理』みすず書房.

Bruner, J.（1990）*The Acts of Meaning: Four Lectures on Mind and Culture*. Cambridge, MA: Harvard University Press. 岡本夏木・仲渡一美・吉村啓子訳（1999）『意味の復権――フォークサイコロジーに向けて』ミネルヴァ書房.

Bruner, J.（1996）*The Culture of Education*. Cambridge, MA: Harvard University Press. 岡本夏木・池上貴美子・岡村佳子訳（2004）『教育という文化』岩波書店.

Bruner, J.（2002）*Making Stories: Law, Literature, Life*. Cambridge, MA: Harvard University Press. 岡本夏木・吉村啓子・添田久美子訳（2007）『ストーリーの心理学――法・文学・生をむすぶ』ミネルヴァ書房.

Canale, M. (1983) From communicative competence to language pedagogy. In Richards, J. C. and Schmit, R. W. (eds.) (1983) *Language and Communication*. London: Longman.

Canale, M. and Swain, M. (1980) Theoretical bases of communicative approaches to second language teaching and testing. *Applied Linguistics* 1: 1-47.

Cazden, C. B. (1997) Performance before competence: Assistance to child discourse in the zone of proximal development. In Cole, M., Engeström, Y. and Vasquez, O. (eds.) (1997) *Mind, Culture, and Activity: Seminal Papers from the Laboratory of Comparative Human Cognition*. Cambridge: Cambridge University Press.

Clark, Herbert H. and Wilkes-Gibbs, D. (1986) Referring as a collaborative process. *Cognition* 22 (1): 1-39.

Clark, K. and Holquist, M. (1984) *Mikhail Bakhtin*. Cambridge, Massachusetts: Harvard University Press. 川端香男里・鈴木晶訳（1990）『ミハイール・バフチーンの世界』せりか書房.

Council of Europe (2001) *Common European Framework of Reference for Languages: Learning, Teaching, Assessment*. Cambridge: Cambridge University Press. 吉島茂・大橋理枝訳・編（2004）『外国語の学習、教授、評価のためのヨーロッパ共通参照枠』朝日出版社.

Finocchiaro, M. and Brumfit, C.（1983）*The Functional-Notional Approach: From Theory to Practice*. Oxford: Oxford University Press.

García, O. and Wei, L.（2014）*Translanguaging: Language, Bilingualism and Education*. London: Palgrave MacMillan.

Gee, J. P. (1999). *An Introduction to Discourse Analysis: Theory and Method*. London: Routledge.

Gergen, K. J. (1999) *An Invitation to Social Construction*. London: Sage Publications. 東村知子訳（2004）『あなたへの社会構成主義』ナカニシヤ出版.

Gergen, K. J. and Gergen, M. M. (2004) *Social Construction: Entering the Dialogue*. Chagrin Falls, OH: Taos Institute Publications. 伊藤守監訳（2018）『現実はいつも対話から生まれる』ディスカヴァー・トゥエンティワン.

Gibson, J. J. (1979) *The Ecological Approach to Visual Perception*. Boston: Houghton Mifflin. 古崎敬・古崎愛子・辻敬一郎・村瀬旻訳（1986）『生態学的視覚論——ヒトの知覚世界を探る』サイエンス社.

Goffman, E.（1959）*Representation of Self in Everyday Life*. London: Penguin. 石黒毅訳（1974）『行為と演技』誠信書房.

Hall, J. K. (1993) The Role of oral practices in the accomplishment of our everyday lives: The sociocultural dimension of interaction with implications for the learning of another language. *Applied Linguistics* 14: 145-166.

Hall, J. K. (1995) (Re)creating our worlds with words: A sociocultural perspective of face-to-face interaction. *Applied Linguistics* 16: 206-232.

Halliday, M. A. K. and Matthiessen, C. M. I. M. (1999) *Construing Experience Through Meaning: A Language Based Approach to Cognition*. London: Cassell.

Hanks, W. F. (1989) Text and Textuality. *Annual Review of Anthropology* 18: 95-127.

Holland, D., Lachicotte Jr., W., Skinner, D. and Cain, C. (1998) *Identity and Agency in Cultural Worlds*. Cambridge, MA: Harvard University Press.

Holquist, M. (1990) *Dialogism*. London: Routledge. 伊藤誓訳（1994）『ダイアローグの思想——ミハイル・バフチンの可能性』法政大学出版局.

Hymes, D. (1972) Models of the interaction of language and social life. In Gumpers, J. J. and Hymes, D. (eds.) (1972) *Directions in Sociolinguistics: The Ethnography of Communication*. New York: Holt, Rinehart and Winston.

Ilyenkov, E. V. (1974/2008) *Dialectical Logic: Essays on Its History and Theory*. Creighton, H. C. (trans.), Delhi: Aakar Books.

Jacoby, S. and Ochs, E. (1995) Co-construction: An introduction. *Research on Language and Social Interaction* 28: 171-183.

Krashen, S. (1982) *Principles and Practices in Second Language Acquisition*. London: Pergamon.

Krashen, S. (1985) *The Input Hypothesis: Issues and Implications*. London: Longman.

Krashen, S. and Terrell, T. (1983) *The Natural Approach: Language Acquisition in the Classroom*. London: Pergamon. 藤森和子訳（1986）『ナチュラル・アプローチのすすめ』大修館書店.

Lantolf, J. (ed.) (2000) *Sociocultural Theory and Second language Learning*. Oxford: Oxford

University Press.

Lantolf, J. and Appel, G. (eds.) (1994) *Vygotskian Approaches to Second Language Research*. New Jersey: Ablex.

Lave, J. (1988) *Cognition in Practice: Mind, Mathematics, and Culture in Everyday Life*. New York: Cambridge University Press. 無藤隆・山下清美・中野茂・中村美代子訳（1995）『日常生活の認知行動――ひとは日常生活でどう計算し、実践するか』新曜社.

Lave, J. and Wenger, E. (1991) *Situated Learning: Legitimate Peripheral Participation*. New York: Cambridge University Press. 佐伯胖訳(1993)『状況に埋め込まれた学習――正統的周辺参加』産業図書.

Linell, P. (1998) *Approaching Dialogue: Talk, Interaction and Contexts in Dialogical Perspective*. Amsterdam: John Benjamins.

Linell, P. (2009) *Rethinking Language, Mind, and World Dialogically: Interactional and Contextual Theories of Human Sense-Making*. Charlotte, NC: Information Age Publishing.

Maturana, H. and Varela, F. (1992) *The Tree of Knowledge: The Biological Roots of Human Understanding*. Boston and London: Shambhala.

Morson, G. S. and Emerson, C. (eds.) (1989) *Rethinking Bakhtin: Extensions and Challenges*. Evanston, Illinois: Northwestern University Press.

Morson, G. S. and Emerson, C. (1990) *Mikhail Bakhtin: Creation of a Prosaics*. Stanford, CA: Stanford University Press.

Munby, J. (1978) *Communicative Syllabus Design: A Sociolinguistic Model for Designing the Content of Purpose-Specific Language Programmes*. Cambridge: Cambridge University Press.

Newson, J. (1978) Dialogue and development. In A. Lock (ed.) *Action, Gesture, and Symbol: The Emergence of Language*. London: Academic Press.

Newman, D., Griffin, P. and Cole, M. (1989) *The Construction Zone: Working for Cognitive Change in School*. Cambridge: Cambridge University Press.

Newmark, L. and Reibel, D. A. (1968) Necessity and sufficiency in language learning. *International Review of Applied Linguistics* 6: 146-164.

Nishiguchi, K. (2017) Sociocultural and dialogical perspectives on language and communicative activity for second language education. *Journal of Japanese Linguistics* 33: 5-13.

Ong, W. J. (1982) *Orality and Literacy: the Technologizing of the Word*. London: Routledge. 桜井直文・林正寛・糟谷啓介訳（1991）『声の文化と文字の文化』藤原書店.

Reddy, M. J. (1993) The conduit metaphor: A case of frame conflict in our language about language. In Ortony, A. (ed.) (1993) *Metaphor and Thought*. New York: Cambridge University Press.

Reed, E. S. (1996) *Encountering the World: Toward an Ecological Psychology*. New York: Oxford University Press. 細田直哉訳（2000）『アフォーダンスの心理学――生態心理学への道』新曜社.

Rommetveit, R. (1974) *On Message Structure: Framework for the Study of Language and*

Communication. London: Wiley.

Rommetveit, R. (1985) Language acquisition as increasing linguistic structuring of experience and symbolic behavior control. In Wertsch, J. V. (ed.) *Culture, Communication, and Cognition: Vygotskian Perspectives*. Cambridge: Cambridge University Press.

Rommetveit, R. (1992) Outlines of a dialogically based social-cognitive approach to human cognition and communication. In Heen Wold, A. (ed.) *The Dialogical Alternative: Toward a Theory of Language and Mind*. Oslo: Scandivanian University Press.

Scarcella, R. C. and Oxford, R. L. (1992) *The Tapestry of Language Learning: The Individuals in the Communicative Classroom*. Boston: Heinle and Heinle. 牧野髙吉訳・監修、菅原永一他訳（1997）『第2言語習得の理論と実践 ― タペストリー・アプローチ』松柏社.

Schutz, A. (1945) On multiple realities. *Philosophy and Phenomenological Research*, Vol. 5, No. 4, pp. 533-576. Also in Natanson, M. A., van Breda, H. L. (eds.) (1972) *Collected Papers I. The Problem of Social Reality*. pp. 207-356.

Shannon, C. and Weaver, W. (1949) *The Mathematical Theory of Communication*. Urbana, IL: University of Illinois Press.

Slobin, D. I. (2000) Verbalized events: A dynamic approach to linguistic relativity and determinism. In Niemeier, S. and Dirven, R. (eds.) (2000) *Evidence for Linguistic Relativity*. Amsterdam and Philadelphia: John Benjamin.

Tharp, R. G. and Gallimore, R. (1988) *Rousing Mind to Life: Teaching, Learning, and Schooling in Social Context*. New York: Cambridge University Press.

Uhlenbeck, E. M. (1978) On the distinction between linguistics and pragmatics. In Gerber, D. and Sinaiko, H. W. (eds.). *Language, Interpretation, and Communication*. New York: Plenum Press.

Vološinov, V. N. (1927/1976) *Freudianism: A Critical Sketch*. Titunik, I. R. (trans.). Edited in collaboration with Bruss, N. H. (ed.). Bloomington: Indiana University Press. ※ロシア語原著からの邦訳はバフチン（1927/1979）

Vološinov, V. N. (1929/1973) *Marxism and the Philosophy of Language*. Cambridge, MA: Harvard University Press. ※ロシア語原著からの邦訳はバフチン（1929/1980）とバフチン（1929/1989）

Vygotsky, L. S. (1930-35/1978) *Mind in Society: The Development of Higher Psychological Processes*. Cole, M., John-Steiner, V., Scribner, S. and Souberman, E. (eds.). Cambridge, MA: Harvard University Press.

Vygotsky, L. S. (1987) *Thinking and Speech*. In Rieber, R. W. and Carton, A. S. (eds.) (1986) The Collected Works of L. S. Vygotsky. Volume 1. New York: Plenum. ※ロシア語原典は1934年出版、ロシア語原著からの邦訳はヴィゴツキー（2001）

Vygotsky, L. S. (1991) *Thought and Language*. Kozulin, A. (ed.). Cambridge, MA: MIT Press. ※同上

Vygotsky, L. S. (1997a) *Problems of the Theory and History of Psychology*. (The Collected Works of L. S. Vygotsky. Volume 3) Rieber, R. W. and Wollock, J. (eds.). New York: Plenum. ※邦訳

『心理学の危機』所収の論文をすべて収録

Vygotsky, L. S. (1997b) *The History of the Development of Higher Mental Functions*. (The Collected Works of L. S. Vygotsky. Volume 4) Rieber, R. W. (ed.). New York: Plenum.　※ロシア語原著からの邦訳はヴィゴツキー（2005）

Vygotsky, L. S. (1998a) *Child Psychology*. (The Collected Works of L. S. Vygotsky. Volume 5) Rieber, R. W. (ed.). New York: Plenum. ※邦訳ヴィゴツキー（2002）の第1部の論文をすべて収録

Vygotsky, L. S. (1998b) *Scientific Legacy*. (The Collected Works of L. S. Vygotsky. Volume 6) Rieber, R. W. (ed.). New York: Plenum. ※邦訳ヴィゴツキー（2002）の第2部の論文をすべて収録

Wells, G. (1999) *Dialogic Inquiry: Towards a Sociocultural Practice and Theory of Education*. Cambridge: Cambridge University Press.

Wertsch, J. V. (1985) *Vygotsky and the Social Formation of Mind*. Cambridge, MA: Harvard University Press.

Wertsch, J. V. (1991) *Voices of the Mind: A Sociocultural Approach to Mediated Action*. Cambridge, MA: Harvard University Press. 田島信元・佐藤公治・茂呂雄二・上村佳世子訳（1995）『心の声——媒介された行為への社会文化的アプローチ』福村出版.

Widdowson, H. G. (1983) *Learning Purpose and Language Use*. Oxford: Oxford University Press.

Widdowson, H. G. (1984) *Explorations in Applied Linguistics 2*. Oxford: Oxford University Press.

Winitz. H. (ed.) (1981) *The Comprehension Approach to Foreign Language Instruction*. Rowley, MA: Newbury House.

Winitz, H. and Reeds, J. (1975) *Comprehension and Problem Solving as Strategies for Language Training*. The Hague: Mouton.

人名索引

事項索引

□著者紹介

西口光一（にしぐち こういち）

国際基督教大学大学院教育学研究科博士前期課程修了（教育学修士）。博士（言語文化学、大阪大学）。アメリカ・カナダ大学連合日本研究センター講師、ハーバード大学東アジア言語文化学部上級日本語プログラム主任を経て、現在は、大阪大学国際教育交流センター教授、同大学院言語文化研究科教授兼任。研究領域は、言語哲学、第二言語教育学、日本語教育学。

主要著書：
『日本語教授法を理解する本 歴史と理論編 ── 解説と演習』（バベルプレス）
『文化と歴史の中の学習と学習者 ── 日本語教育における社会文化的パースペクティブ』
　　（編著、凡人社）
『第二言語教育におけるバフチン的視点 ── 第二言語教育学の基盤として』（くろしお出版）
『対話原理と第二言語の習得と教育 ── 第二言語教育におけるバフチン的アプローチ』
　　（くろしお出版）
『新次元の日本語教育の理論と企画と実践 ── 第二言語教育学と表現活動中心のアプローチ』（くろしお出版）

主要日本語教科書等：
『NEJ ── テーマで学ぶ基礎日本語』（くろしお出版）
『NIJ ── テーマで学ぶ中級日本語』（くろしお出版）
『新装版 基礎日本語文法教本』（アルク）
『みんなの日本語初級 漢字』シリーズ（監修、スリーエーネットワーク）

第二言語教育のためのことば学
── 人文・社会科学から読み解く対話論的な言語観

2020年12月15日　初版第1刷発行

著　者　　西 口 光 一

発行者　　宮 下 基 幸

発行所　　福村出版株式会社
　　　　　〒113-0034　東京都文京区湯島2-14-11
　　　　　電話　03 (5812) 9702
　　　　　FAX　03 (5812) 9705
　　　　　https://www.fukumura.co.jp

印　刷　　株式会社文化カラー印刷

製　本　　協栄製本株式会社